Counseling for
Beauty Professionals

ビューティ・プロフェッショナルのためのカウンセリング

高島直子・五十嵐靖博・中村延江 編
Naoko Takashima, Yasuhiro Igarashi & Nobue Nakamura

ナカニシヤ出版

まえがき

　美容の仕事はお客さまと美容師やエステティシャンや美容部員，ネイリストなどのビューティ・プロフェッショナルが一対一で向き合って行われます。円滑に仕事を進めるためにはお客さまの要望や思いを正しく理解したうえで，美容の専門家として自分の意見を適切に伝えることが必要とされています。

　お客さまの要望は，あらかじめはっきりとしたかたちになっていることもあれば，もやもやした部分を含んで不明確な場合もあるでしょう。お客さまの話の内容や声の調子，表情，しぐさなどを含めてビューティ・プロフェッショナルは目の前にいるお客さまを的確に理解しなければなりません。多くの場合はサロンなど現場で日々働くなかで，試行錯誤を重ねながらお客さまとのコミュニケーションのとり方を学んでいるのでしょう。

　目の前にいるクライエントの考えや気持ちを理解して適切にコミュニケートする姿勢は，まさにカウンセリングが目標としていることです。教育や医療や福祉などの対人的職業にたずさわる人がカウンセリングを学んで各々の仕事に活かしているように，美容の現場でもカウンセリングを学んだビューティ・プロフェッショナルはいっそう活躍の舞台がひろがるに違いありません。

　美容のプロのためにカウンセリングマインドを培い，カウンセリングのスキルを活用できるようになることをめざして本書は書かれました。美容は人を美しくすることをとおして生活を豊かにできる素晴らしい仕事です。本書がそのためにプラスになることを願っています。

編者

執筆者（執筆順）

高島直子
　東京ウィメンズプラザ相談専門員，玉川大学リベラルアーツ学部非常勤講師
　Chapter ①，
　Chapter ②❶・❷，
　Chapter ④❷①，
　Chapter ⑤❶②

中村延江
　桜美林大学名誉教授
　中央心理研究所所長
　Chapter ②❸・❹，
　Chapter ④❶・❷⑤，
　Chapter ⑤❶①

田副真美
　ルーテル学院大学総合人間学部教授
　Chapter ③❶・❷・❹，
　Chapter ④❷④

片岡ちなつ
　慶應大学病院耳鼻咽喉科臨床心理士
　桜美林大学臨床心理センター非常勤講師
　Chapter ③❸

五十嵐靖博
　山野美容芸術短期大学美容総合学科教授
　Chapter ④❷②，
　Chapter ⑥

大島郁葉
　日本学術振興会特別研究員
　千葉大学子どものこころの発達教育研究センター講師
　Chapter ④❷③
　Chapter ⑤❷③

平尾元尚
　上智大学総合人間科学部非常勤講師
　山野美容専門学校非常勤講師
　Chapter ⑤❷①・②

写真提供
　山野美容芸術短期大学

目　次

まえがき　*i*

Chapter ① はじめに ——————————————— *1*
さまざまなカウンセリング　3

Chapter ② カウンセリングとは ——————————— *5*
❶ カウンセリングの定義　5
❷ 美容とカウンセリング　7
❸ カウンセリングのレベル　9
❹ カウンセリングのプロセス　11

Chapter ③ カウンセリングの技法 ——————————— *15*
❶ かかわり行動　17
❷ 質問技法　20
❸ 応答技法　23
❹ カウンセリングの実際：ロールプレイング　34

Chapter ④ カウンセリングの理論とその技法 ——————— *41*
❶ 理論の必要性　41
❷ さまざまな理論　42

Chapter ⑤ 自己理解と対人関係スキル ————————— *69*
❶ 自己理解のために　69
❷ 対人関係スキル　81

Chapter 6　心の健康と仕事 ———————————— 95

1. ストレスとストレッサー　95
2. 良いストレスと悪いストレス　95
3. ライフイベント　96
4. 汎適応症候群　97
5. 燃え尽き（バーンアウト）症候群　98
6. 心身症　99
7. 不安障害　101
8. うつ病　102
9. 統合失調症　103
10. 日々の生活に活かすために
    ：さまざまなカウンセリングのアプローチと心　105
11. 私たちの生活とカウンセリング　107

あとがき　109

Chapter ① はじめに

♥ ワーク１

1 「カウンセリング」というのは，どんなことをすると思いますか？ 自由に書いてみてください。

------

2 あなたがこれまでに訪れた美容室のうち，感じのよかった美容室はどんなところがよかったと思いますか？ また逆に美容室で不愉快な思いをしたことがあるとしたら，どんな点が悪かったのでしょうか？

(よかったところ)

(悪かったところ)

------

3 「カウンセリングの場面」を思い浮かべて,自由に絵に描いてみてください。

■さまざまなカウンセリング

　皆さんは「カウンセリング」ときいて，どんなイメージを思い浮かべたでしょうか？中には，「美容師とカウンセリングなんて，関係あるのかな？」と思った人もいるかもしれませんね。確かに，狭い意味でのカウンセリングは，「心理的な問題や悩みについて専門的な援助をすること」をさすものとして使われていますから，そのような印象をもつのは無理もないことでしょう。

　しかし，「カウンセリング」という言葉がこのような狭い意味を表す専門的な用語として使われるようになったのは，ほんの100年ほど前のことです。それ以前からずっと，現在のカウンセリングにあたる働きは，人々の生活の中にさまざまな形で存在してきたものなのです。

　以下に，現在の私たちの日常生活の中にみられるさまざまなカウンセリングの例をあげてみましょう。

① ヘア・カウンセリング
　自分に合うヘアスタイルやカラー，髪質に応じたヘアケアの方法などに関する相談。ヘアサロンで，すでに経験のある人も多いでしょう。

② 美容カウンセリング
　ヘアと同様，自分に合うメイクやスキンケアの方法などに関する相談。エステティックサロンでの全身的な相談や，ネイルに関する相談などもここに含めてよいでしょう。

③ ブライダル・カウンセリング
　多くは結婚式場やホテルなどで行う，結婚式や披露宴の形式から準備の手続き一切に関する相談。この中には，衣装やヘア，メイクなどに関する相談も含まれます。

④ 進学カウンセリング
　自分に適した勉強や選択可能な学校の範囲，各学校の内容や特徴，必要な準備や手続きなどに関する相談。在学中または卒業した学校での相談の他，専門の相談機関もあります。

⑤ キャリア・カウンセリング
　自分に適した職業や職場，キャリアアップのための方策など，就職や転職などに関わる相談。学校の就職相談室やハローワーク，また企業内の相談室でも相談に応じています。

　以上は，私たちの誰もが関わる可能性のある，一般的なカウンセリングですが，次に心理的な悩みや問題と関わりのある，やや専門的なカウンセリングの例を紹介しましょう。

⑥スクール・カウンセリング

例えば学業の問題や友人関係，家族関係の問題，不登校など，学校生活に関わるさまざまな問題についての，専門カウンセラーによる相談。小・中・高等学校で経験のある人もいるでしょう。

⑦産業カウンセリング

例えば労働環境の問題，職場の人間関係，自分の健康や適性，転職に関する問題など，職業生活全般に関わる相談。専門の相談機関の他，最近では，企業内に相談室が設けられている場合も多くなっています。

⑧心理カウンセリング

日常の生活や人間関係に関する，ある程度深い心理的な悩みを抱えた人のための，心理専門のカウンセラーによる相談。⑥，⑦のような場で専門のカウンセラーが相談にあたることもあれば，独立した専門の相談機関もあります。基本的には自分の抱える問題を意識し，また意志疎通が可能で自ら立ち直ろうとする意志のある人が対象ですが，何らかの精神病理的問題を抱えている人には，精神科等の医療機関で医師との連携の下に行われます。

このようにカウンセリングとは，自分1人だけでは解決が困難な問題を抱えている人に対して，より専門的な知識や技能をもった他者が，コミュニケーションを通して何らかの援助をすることを広くさすと考えてよいでしょう。したがって，私たちの誰もが生活の中のあらゆる場面で，カウンセリングを受ける立場にも，またカウンセリングをする立場にもなり得るのです。こうした場合をヘルピングと言うこともあります。

美容の専門家にとっても，ヘアやメイク，スキンケア等に関してお客様の相談にのることは，仕事の大切な一部分であり，そこでの満足度が仕事の成否を左右することもあり得ます。したがってそこに専門的なカウンセリングの考え方やテクニックを応用することによって，お客様にとって満足度の高い仕事ができる可能性が高まるといえるでしょう。

このテキストでは，このような考え方にしたがって，美容の仕事をめざす皆さんに専門的なカウンセリングの基礎を学んでもらい，それを広く仕事や日常の対人関係の中に生かしてもらいたいと考えています。

Chapter ② カウンセリングとは

❶ カウンセリングの定義

　第1章でも述べたように,「カウンセリングとは何か」と問われたとき,私たちが頭に思い浮かべるものは,日常の仕事や対人関係の中で誰もが経験する一般的なものから,精神的・心理的援助に関わる専門的なものまで,さまざまなものがあります。したがってカウンセリングの定義も,理論家や実践家の数だけあるといわれるくらいさまざまですが,ここでは専門的ながら広範な定義の一つを紹介し,それを一般に応用する立場をとりたいと思います。

　まず初めに,カウンセリングで使われる用語についてですが,カウンセリングでは一般に,問題を抱えて相談にやって来る人(来談者)のことを「クライエント」,相談にのる人を「カウンセラー」と呼びます。

　続いて,カウンセリングの定義です。

> カウンセリングとは,言語的および非言語的コミュニケーションを通して,相手の行動の変容を試みる人間関係である(国分康孝,1980)。

　わかりにくいところがあるかもしれませんので,内容を少し詳しくみてみましょう。

① 言語的および非言語的コミュニケーション

　カウンセリングは主として言葉のやりとり(言語的コミュニケーション)を通じて行われます。しかしそれだけではなく,外見や表情,しぐさなど,言葉以外のものが,相手の気持ちや考え方を知るうえで重要な役割を果たす場合があり,これらを非言語的コミュニケーションと呼んでいます。

② 行動の変容

　カウンセリングの目的は,広い意味で相手の行動を変容させることによって,相手のもつ問題を解決することです。この中には,外部から観察可能な行動の変化だけでなく,ものの見方や考え方(認知)が変わることによって,結果として行動が変わる,という意味も含まれています。

③ 人間関係

　カウンセリングは人間同士の対話によって成り立つものです。そこには一方的ではない,相互の信頼感に基づく感情的交流が存在します。その意味で,カウンセリングの関係は,人間関係であるといえるのです。

　一方で,カウンセリングの人間関係は,カウンセラーとクライエントという,一種の「役

割関係」でもあります。つまり,いくら暖かい感情的交流が大切とはいっても,少なくともカウンセリングが継続している間は,個人的に親しくなりすぎるのはいろいろな意味で問題があり,公私の区別はきちんとつける必要があります。

カットの講義

2 美容とカウンセリング

　カウンセリングの基本的な理論や技法を知っていることが，美容の専門家にとって，お客様に満足していただける仕事をするうえで重要だということは第1章でも述べましたが，ここでは，具体的にどのような場面でそれが必要になるのか考えてみたいと思います。

> **●新聞記事　ACQUAの「カリスマ美容師」　野沢道生さん**
> 　向こう1ヶ月の予約がわずか15分で埋まる人気の「カリスマ美容師」だ。客は北海道から沖縄まで広がる。東京・日本武道館で開いたヘアショーに約1万人を集め，美容師の腕を競うテレビ番組「シザーズリーグ」では解説・助言役を務める。
> 　といっても，派手さはない。「10年前からスタンスは変わっていません」と語るように，客と話しながら，生活スタイルを知り，一人ひとりに似合う髪型を見つける。毛質や肌の色，ファッションの系統，家で髪を洗う時間帯，ドライヤーのかけ方など十人十色だ。
> 　「お客さんの自己主張をプロデュースするのが美容師の仕事。今まではこんな基本的なことも聞かず，美容師が本来の役割を果たしていなかった」
> 　子どものころから手仕事にあこがれていた。東京の私立大学の付属高校から，両親の反対を押し切って美容学校に進んだ。東京の美容院を渡り歩いて技術を磨き，1994年に原宿で美容サロンACQUA（アクア）を開いた。
> 　客に流行を押しつけるような従来型の美容に疑問を持つ仲間3人の共同経営だ。本人は店の「顔」，綾小路竹千代氏は理念，青山正幸氏は経営戦略と役割を分担する。事業は年商約10億円，美容師は約160人に膨らみ，今年2月，青山に2店目をオープンした。
> 　ヨーロッパでは，舞踏会に医者や弁護士と一緒に美容師が招待されるなど，有名美容師は一目おかれる存在だという。「できるなら業界のボトムアップに貢献したい」。35歳。（三浦　穣）（1999年7月10日付　朝日新聞　夕刊より）

　上の新聞記事は，おそらく皆さんもご存じの有名美容師の方に関するものです。記事にもあるように，美容師の仕事に大切なのは，お客様と話しながら（つまり言語的コミュニケーションを通して），「生活スタイルを知り，一人ひとりに似合う髪形を見つける」ことです。髪の量や質，顔の形，ファッションなどの外面的な部分だけでなく，性格，好み，仕事や生活のあり方といった内面的な部分まで，お客様の個性を知る必要があります（ここには当然，非言語的コミュニケーションも関係してきます）。そのように多様なお客様の「自己主張をプロデュースする」ことこそが美容師の仕事の基本であって，決してお客様に流行や美容師の好みを押しつけることではありません。

　このように，お客様の個性や生活スタイルを知ろうとすること，それはカウンセリン

グの立場からいえば「相手を理解する」ということになりますが，そこにこそカウンセリングの考え方や技法が生かされるといえるでしょう。カウンセリングの基本は，まず相手の話をよく聴き，確認し，そして理解することです。このことは，心理的な悩みごとに関する相談でも，美容に関する相談でも，基本的に変わりありません。したがって，カウンセリングで使われている話の聴き方，理解のしかたを学ぶことは，お客様を理解し，相手に合った美容を提供できる専門家となるために，もっとも基本的で，かつ重要なことといえます。そしてこのことは，カウンセリングと同じように，信頼感に基づいた「人間関係」があってこそ可能になるのです。

　さらにこうしたコミュニケーションと人間関係を通して，お客様の「行動が変容」すること，つまり自分に似合うヘアスタイルやカラーやメイクの方法を見つけて変えてみることや，自分にふさわしい結婚式のやり方を選択して準備を進めることによって，美容の専門家としてのカウンセリングは完了するといえるでしょう。もちろん継続して相談にのることも多いでしょうが，お客様に継続して通っていただけるかどうか，継続して指名していただけるかどうかは，技術の腕はもちろん，コミュニケーションと人間関係のあり方にかかっているといっても過言ではありません。

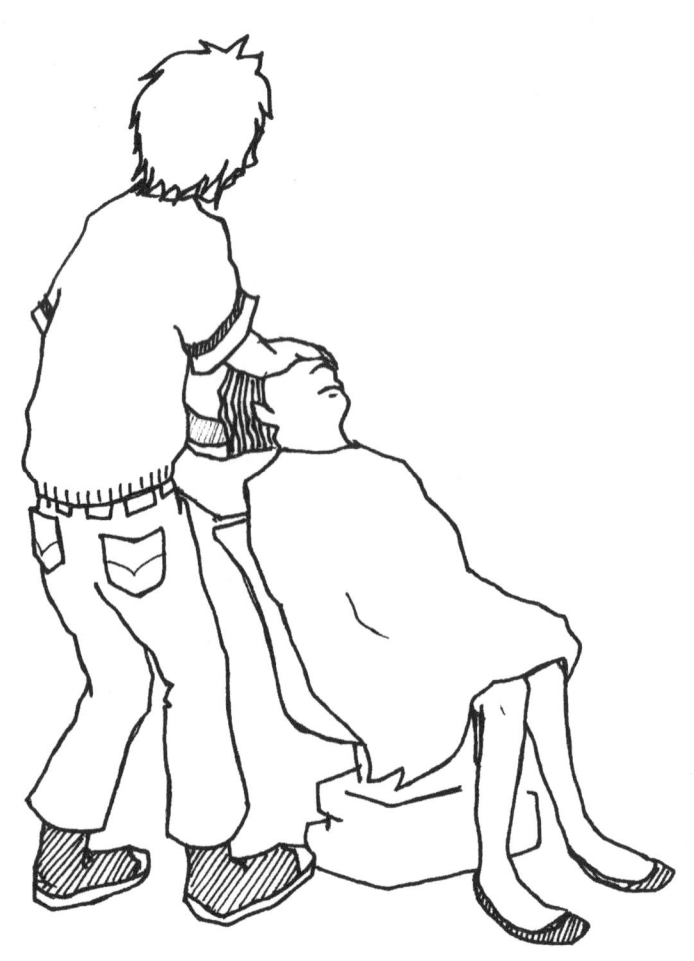

3 カウンセリングのレベル

　カウンセリングの種類には前記のようにさまざまなものがありますが，クライエントとの関わりの程度からいうとまたいろいろなレベルのものがあります。ここではクライエントとの関わり方の違う4つのレベルのカウンセリングについて説明します。

1 ガイダンスレベル

　これは相談に来た人をガイド（案内）するようなレベルのカウンセリングで，カウンセラー主導型のカウンセリングです。相談にのる人が自分の知識や技術をもって相手をガイドします。例えばツアーカウンセラー（旅行カウンセラー）が「○日間で○○な所へ○○くらいの費用で行きたいが……」という相談を受けて，「では○○に行ってはどうですか」と教えるようなものです。また従来の医師による診察はこれに当たる場合が多いです。例えば「体の調子が〜で困っています」と相談に来た患者に対して，医師が「あなたは検査の結果〜です。この薬を飲んでください」と指示するような形です。患者（相談に来た人）はその指示に従うことを要求されます。

　美容カウンセリングでもこのレベルのカウンセリングになっていることも少なくないでしょう。

2 コンサルテーションレベル

　ここではクライエントとカウンセラーが相互に話し合います。カウンセラーはクライエントの困っている問題について，それを解決するための情報を専門的立場から提供します。どのように解決するかは相互に話し合って決めていきます。インフォームドコンセントが期待される最近の医療の世界で行われることの多い形です。例えばある病気についてどのように治療をしていくか，いくつかの治療法があった場合，どの治療法を採用するかはそれぞれのメリットとデメリットを医師がよく説明して，患者自身が治療法を選べるように援助するあり方などがこれに当たります。情報提供を中心とした，知的サポートのレベルのカウンセリングといえるでしょう。

　美容カウンセリングでも，このようにお客様の髪質，顔型，好み，肌質，ケアのしかた，流行などを説明して，お客様が自分でスタイルや施術を決め，選ぶようにすることが望ましいといえます。

3 心理カウンセリングレベル

　カウンセラーがクライエントの相談にのりますが，単に悩んでいる問題そのものや困っている問題そのものを具体的に解決するだけでなく，その問題でどのような感情の処理に困っているのか，感情のレベル，心理的レベルまでサポートするものです。これが本来のカウンセリングということができます。心理カウンセリングでは，クライエントが問題を自分自身で解決できるように，カウンセラーは話し合う中で専門的理論や知識や技法を用いて問題を一緒に整理し，サポートを行うものです。感情レベルにまで関

わりますから，クライエントとカウンセラーの関わりは，ガイダンスや知的サポートに留まるコンサルテーションレベルのものより密接であるといえます。

　美容カウンセリングでは，あまり深く心理的なものにまで関わることは多くはないでしょうが，美容室やエステティックサロンへ癒しを求めて来る人もいるものです。特にスキンケアやヘアケアなどには心理的な面への関わりが必要になることもあります。

④ サイコセラピー（心理療法）

　精神療法とも訳されるように，精神科領域の患者さんに精神科医師が行う面接治療をさします。したがって，いわゆるカウンセリングのように意識された問題を取り扱うより，精神病理的に問題のある患者さんの無意識にも関わって治療を行います。そのため，日常的なカウンセリングとは異なるともいえますが，精神科の医師のみでなく心理の立場でも，心理療法として無意識にも関わって行うこともあります。クライエントとカウンセラー（セラピスト）の関わりでいえば，非常に深いレベルでも関わりが必要といえます。

　美容カウンセリングではサイコセラピーまで行うことはあり得ませんが，美容はヒューマンサービスの仕事ですから，いろいろな人に対応することになります。知識として知っておいて，そのようなお客に相談された場合など，心理的・精神的専門家の面接を受けるように勧めることが必要になるかもしれません。

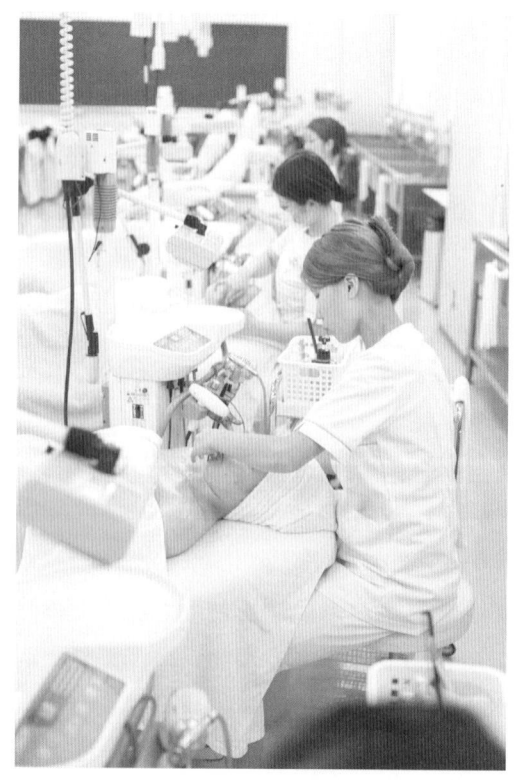

エステティックの実習

4 カウンセリングのプロセス

　カウンセリングを具体的にどのように進めていくのか，そのプロセスについて説明します。ここでは，いわゆる心理カウンセリングでの技法を中心にして話を進めます。こうした専門的技法が，いろいろな場面やいろいろなレベルでのカウンセリングに役立つからです。

　カウンセリング全体の流れとして，まず，クライエントが心の問題や悩みなどを話したら，それをしっかりと聞き取り，問題が具体的にどのようなものであり，クライエントはそれをどのように捉えているのかなどを理解する必要があります。そのうえで問題全体とクライエント全体を把握して，クライエントと話し合って，どのように問題を解決していくか，そのためには何をどのように変えていくかという目標を立てます。そして治療計画を立てることになります。

　以上のカウンセリングの流れについて，図1に示します。

傾聴 → 尊重 → 共感 → 受容 → 確認 → 明確化 → 要約 → 目標の設定 → 援助
　＝
　理解

図1　カウンセリングの流れ

　次に，カウンセリングの各プロセスについて説明しましょう。

1 傾聴（リスニング：Listening）

　クライエントの話をしっかりと耳を傾けて聴くことが傾聴です。クライエントを理解しようとすれば，クライエントの話していることをしっかりと聞き取る必要があります。ですから傾聴すればクライエントの理解につながりますし，理解するためには傾聴が不可欠のものとなります。また，クライエントの理解は話されていることの事実を具体的に理解することも必要ですが，その事実の背後にあるクライエントの感情，そのことをどのように捉えているかというクライエントの気持ちをも理解することが必要です。ですから感情も含めて理解できるように，非言語的な面も含めてしっかりと聴く必要があります。

2 共　感

　そしてクライエントの気持ちを理解したら，その気持ちを把握して共感します。共感というのは，「それはどのような気持ちなのだろうか」と自分の経験や想像力で感じ取ろうとすることです。クライエントはしっかり共感してもらって自分の気持ちがわかってもらえたと感じたときに，ほっとしたり安心感を得たりするものです。日常の経験でも，辛いことなどを誰かに聞いてもらってわかってもらえると，ほっとして気持ちが落

ち着くということがあるでしょう。

③ 受　容
　クライエントの話の内容や気持ちを理解し共感したら，その内容や気持ちをしっかりと受け止めます。それが受容です。クライエントの言っている内容や気持ちを批判したり，否定したり，評価したりせずに，とにかくしっかりとその気持ちを尊重して受け止めます。このとき，カウンセラーがうなずいたり，あいづちをうったり，促したりすることはクライエントにとって「最小限の励まし」となり，自分の気持ちを受け止めてもらったというように感じられるものです。

④ 確　認
　クライエントの言っていることを理解しようとするあまり，勝手に先取りして判断してしまうことがあります。クライエントの言っていることの内容を的確に受け取っているかどうか，必ず確認する必要があります。思い込みで判断してしまうとクライエントを正しく理解することになりません。

⑤ 明確化
　クライエントの話をきちんと確認して，具体的な事柄だけでなく，それに伴う感情や気分をもまとめてクライエントに返すのが明確化です。きちんと明確化されると，クライエントは自分の気持ちや悩んでいることや困っていることの問題点に気づくことができます。これは，感情の明確化といわれることもあります。

⑥ 要　約
　クライエントの話したことをまとめて返すことです。これによってクライエントは自分が何について困っているのかどうしたらよいのかなど問題の整理や解決への行動変容に向けて考えることができるようになります。

⑦ 目標の設定
　問題が明確になったらその問題をどのように解決していくかを考え，クライエントと話し合って行動変容（治療）の目標を設定します。

　この後，具体的な援助が行われることになりますが，その際に留意すべき事柄について触れておきます。

❶治療契約
　目標が定まったらゴールを決め，どのような形でカウンセリングをしていくのか相談します。カウンセリングの頻度や時間，進め方などの治療の枠組を両者で話し合って設定して，それでクライエントが納得すれば治療契約を行います。

❷守秘義務

　ここで治療契約をするときに，カウンセラーがクライエントに伝える必要があるのが守秘義務についてです。カウンセラーは，カウンセリングの場面でクライエントが話したことは決して外部に漏れることがない，カウンセリング場面だけのものであることを伝えます。カウンセラーはどんなに興味深いことであっても，カウンセリング場面で知り得たクライエントについてのことを，外で話すことは禁じられています。ただし，クライエントあるいは他者の生命に関わるような事態に陥った場合は別です。

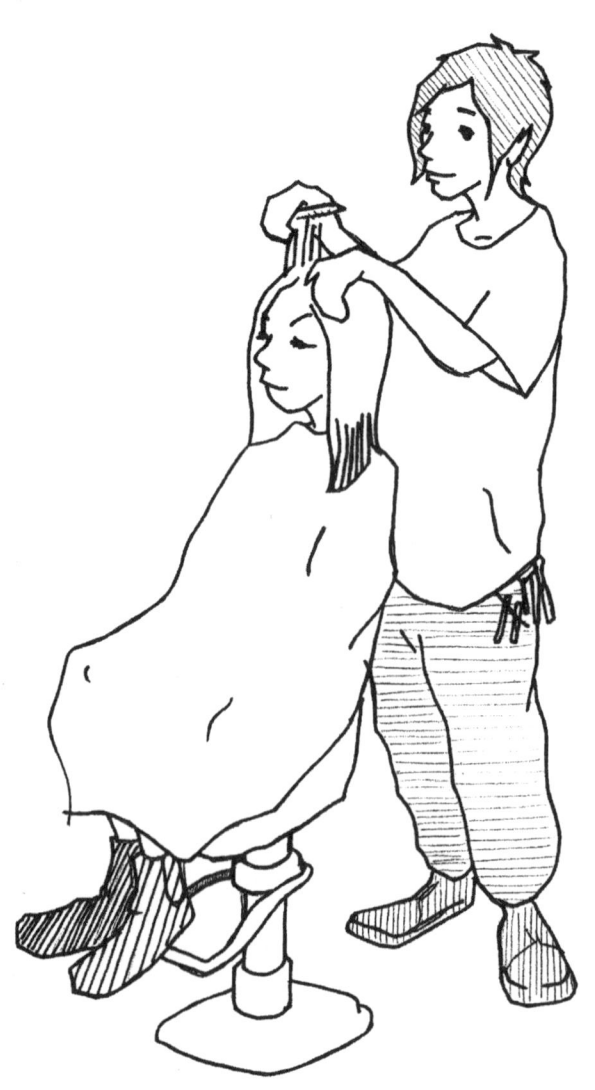

Chapter ③　カウンセリングの技法

　この章では，カウンセリングの基本的な技法について説明するとともに，ワークを通して実際のカウンセリング場面で利用できるように訓練していきます。ここでの構成は，段階的なワークを通じて実際の場面で使えるようにしていくことを目的とします。
　それでは，まずウォーミングアップをしましょう。

■ウォーミングアップ

♥ワーク２：聞く（ヒアリング：hearing）と聴く（リスニング：listening）

伝言ゲーム❶
- 一列５〜10人
- 「伝言する文章」を一番前の人は１分ほどで覚える。
- 聞き取り１回ですぐ後ろにまわす。
- 質問はなし。紙にメモはしない。一番後ろの人は，書き取る。

伝言ゲーム❷
- 一列５〜10人
- 「伝言する文章」を一番前の人は１分ほどで覚える。
- 質問は３回までして良い。ポイントをつかんで質問する。
- 紙にメモはしない。一番後ろの人は，書き取る。

伝言ゲーム❸（非言語）
- 一列５〜10人
- 「伝言する文章」を一番前の人は１分ほどで覚える。言葉による伝言ではなく，ジェスチャー（身振り手振り）により次の人に伝えていく。最後の人は，その内容を言葉にして説明する。

♥ワーク3：関係（relation）

1 背中合わせとフィードバック
　3人1組，背中合わせになる。　　　　　　　　　　　　　　　　（3分間）
　自分が感じた事をフィードバックする。

2 スキンシップ
　2人1組，お互いにマッサージする。　　　　　　　　　　　　　（5分間）
　感想を述べ合う。

3 2人1組
　自分のこれからの人生でしたいと思っていることを，思いつくまま列挙する。
　⇒できるだけ自分を開く。　　　　　　　　　　　　　　　　　　（3分間）

4 4人1組（2人組み×2）
　3のパートナーについて，他の2人組に紹介する。　　　　　（各3分間）

5 8人1組（2人組み×4）
　対人関係での失敗談を語り合う。順番ではなく，話したい人が話したいときに話す。　　　　　　　　　　　　　　　　　　　　　　　　　　　　（10分間）

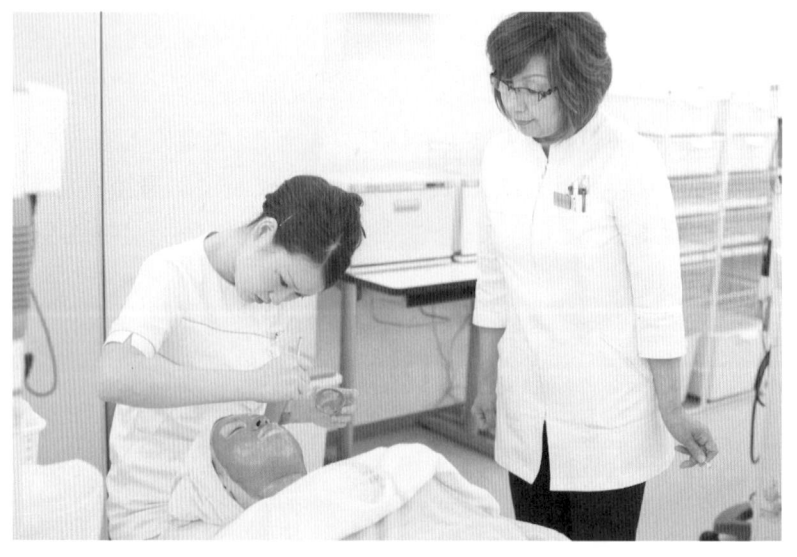

エステティックの実習

1 かかわり行動

かかわり行動は，カウンセリングの基礎になります。かかわり行動は，おもに非言語によるものです。具体的には，身体言語，声の調子，言語的追跡が含まれます。クライエントとの信頼関係を築くうえで大変重要なものです。一般的なかかわり行動には，以下のようなものがあります。

1 視線の合わせ方

凝視するのではなく，「あなたの話を聴いています」というメッセージがクライエントに伝わるように適度に視線を合わせるように心がけます。

2 身体言語

私たちは，無意識のうちに身体でクライエントにさまざまなメッセージを伝えています。例えば，カウンセリングの場面でカウンセラーが，言語では「うーん，そうなんですか。それは大変でしたね」と言いながらも，時間を気にしてそわそわしている，腕組みをしている，貧乏ゆすりをしていると，クライエントに「私の話をちゃんと聴いてくれない」「威圧的で怖い」「なんだか，落ち着かない」などという印象をもたれてしまうのです。身近な日常生活でも，あなたが携帯のメールを気にしながら友人の相談にのっていたとします。おそらく友人は，「適当に聞いている」「そんなに私のことを大事に思っていないのかもしれない」「もうこの人に相談にのってもらうのはやめよう」などと感じ，信頼関係にひびが入ってしまうような事態が起こるかもしれません。

カウンセラーは，クライエントが話しているときに，クライエントの動きと調子に合わせて，少し前かがみになるような姿勢や適度なうなずきで「あなたの話に関心をもって聴いていますよ」という印象を与え，クライエントの発語を促すような態度や表情が大切です。

3 声の調子

話すスピードや声のトーンによってもクライエントにさまざまな印象を与えます。早口で話されると，クライエントは，追いたてられているように感じるかもしれません。反対に，ゆっくり過ぎると関心をもたれていないとか，やる気のないように感じるかもしれません。甲高い声で話されると，非難され，叱られているように感じるかもしれません。クライエントの様子を観察し，適度な声の調子を心がけることも大事です。

4 言語追跡

クライエントの話をよく聴いて，クライエントが話した内容についていくことが大切です。話題を変えようとしたり，クライエントの話を聴くことよりも次に何を話そうかと考えて焦らないことです。

メーラビアン（Mehrabian, 1981）によれば好意や感情の伝達は，顔による表情が最

17

大で55％，声の調子38％で，言語による伝達は全体のわずか7％にすぎないといわれています。このことからも，身体言語や声の調子のような非言語的なコミュニケーションは，言語によるものに比べ，インパクトの強いものであることがわかります。

♥ワーク4

2人1組になり，4通りの座り方を体験してみましょう。
ABCDの座り方で，それぞれ会話をしてみてその感想を話し合いましょう。

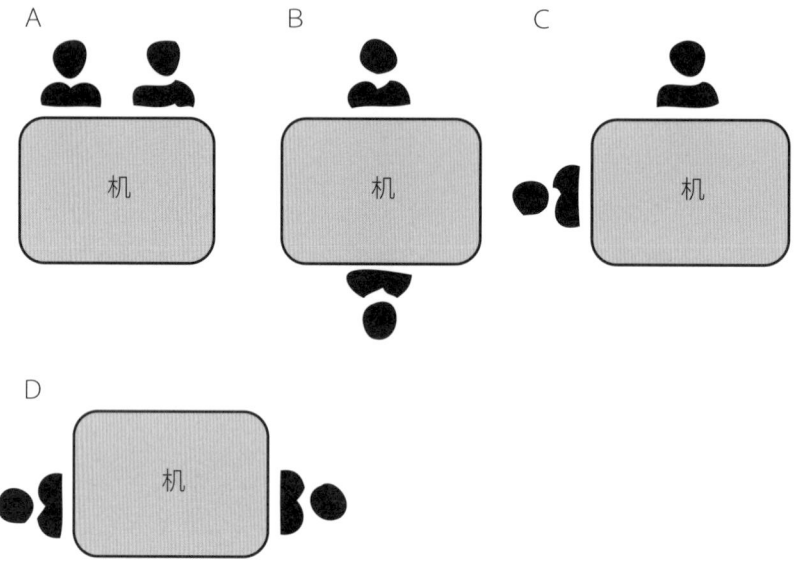

米国と英国の大学生に行った調査（玉瀬，1998）の結果では，「競争」「協力」「話し合い」はどの座り方が適しているかとの問いに，Aは協力，BとCが話し合い，Dが競争とした割合が高かったようです。したがって，個人的なことをオフィシャルな立場で行うというカウンセリングの場合，BかCの座る位置が適しているといえるでしょう。

♥ワーク5：視線行動

2人1組になり，聞き手と話し手とに分かれ，最近の出来事について話をする。
聞き手：1 視線を合わせない。
　　　　2 じっと見つめている。
　　　　3 視線を適度に合わせる。
　　　　　　　　　　　　　　　　　　　　　　　　　　　　　（各2分間）
1～3の聞き手の態度について感想を述べ合う。振り返りシートに記入する。

♥ワーク6：表　情

2人1組になり，お互いにさまざまな表情を作ってみる。

喜び，悲しみ，怒り，苦しみ

それぞれの表情についての感想を述べ合う。振り返りシートに記入する。

♥ワーク7：姿勢，身振り

2人1組になり，聞き手と話し手とに分かれ最近の出来事について話をする。

聞き手は以下の態度をしてみる。

1. 腕組みをする
2. 貧乏ゆすりをする
3. まったく身振り手振りをしない
4. オーバーな身振り手振り　　　　　　　　　　　　　　　　（各2分間）

1～4の聞き手の態度について感想を述べ合う。振り返りシートに記入する。

♥ワーク8：声の調子

2人1組になり，聞き手と話し手とに分かれ最近の出来事について話をする。

聞き手は以下の話し方を試みる。

1. 早口で話す
2. 声高で話す
3. 大きな声で話す　　　　　　　　　　　　　　　　　　　　（各1分間）

1～3の聞き手の話し方について感想を述べ合う。振り返りシートに記入する。

2 質問技法

　カウンセリングの場面で，クライエントの問題をより理解するために，カウンセラーは質問をすることがあります。カウンセラーの効果的な質問により，クライエントの訴えが具体的になり，さらに焦点づけられ，問題が明確になってきます。このように，質問はカウンセリングの過程では重要な役割を果たすことから，質問のしかたには配慮が必要となります。質問のしかたは，**開かれた質問**，**閉ざされた質問**に分けることができます。カウンセリングの場面やその展開に応じて使い分けることが望まれます。

1 開かれた質問

　クライエントの自由な応答を促すような質問で，一言では答えられないようなものをいいます。例えば，いつ（When），どこで（Where），誰が（Who），何を（What），なぜ（Why），どのように（How）のような言葉を用いて聞いていきます。

例1：「今日は，どのような髪型にいたしますか？」「スキンケアで気になるところは，どんなことですか？」「前回はいつ頃ご来店でしたか？」「本日の担当で，誰かご希望のスタッフはいますか？」「夏休みはどこかご旅行されましたか？」

長所：クライエントが，主体的に話すことができる。自分の気持ちや考えを自由に話せる。自分の気持ちや考えが明確になる。会話が続く。話が展開しやすい。カウンセラーがクライエントの情報をたくさん得ることができる。など

短所：漠然としていて答えづらい。高齢者や年少者，思春期の子供の中には不向きの場合がある。

2 閉ざされた質問

　「はい」「いいえ」などの，一言二言で答えられるような質問で，カウンセラーの意図に従ってクライエントから情報を引き出そうとするときに用いられます。

例2：「前髪の長さは，眉の下で良いですか？」「本日，シャンプーはいたしますか？」「ふだん，タバコをお吸いになりますか？」「次回のご予約の時間は，午後1時でよろしいですか？」

長所：短い答えで済むので，答えるときに楽。考えないで答えられる。
　　　主体性のないクライエントには，答えやすい。
　　　深入りしない。カウンセラーが，必要な情報を手早く収集するのに有効。
短所：受身的。自由に話せない。感情がこもっていない印象を受ける。
　　　会話が続かない。気持ちの整理ができない。
　　　閉じた質問のみであると，尋問や詰問されているような気持ちになる。

♥ワーク9

以下の疑問文が,開かれた質問ならO,閉ざされた質問ならCに○をつけましょう。

〔※O:opened question, C:closed question〕

1. いらっしゃいませ,何かお探しでしょうか? （ O / C ）
2. こんにちは,今日は寒いですね。本日はどうされますか? （ O / C ）
3. こちらへはお車でいらっしゃいましたか? （ O / C ）
4. 恐れ入りますが,あと5分ほどお待ちいただけますか? （ O / C ）
5. 本日は,カットをご希望ですか? （ O / C ）
6. 本日は,どのような髪型をご希望ですか? （ O / C ）
7. 最近,髪型でお困りのことはどんなことですか? （ O / C ）
8. どんなパーマのイメージでしょうか? （ O / C ）
9. 「かわいい感じ」というところを,もう少し詳しくうかがえますか? （ O / C ）
10. お肌は,どんな調子でしょうか? （ O / C ）
11. お肌のトラブルで,お困りのことはありますか? （ O / C ）
12. どのようなトラブルか,お話しいただけますか? （ O / C ）
13. 家ではふだん,どのようなお肌のお手入れをしていらっしゃいますか?（ O / C ）
14. 本日は,足裏の角質除去はご希望ですか? （ O / C ）
15. タオルの熱さは,いかがですか? （ O / C ）
16. ヘアカラーは,どんな色をご希望ですか? （ O / C ）
17. カラーはオレンジ系にしましょうか? （ O / C ）
18. ネイルカラーの色は,これでよろしいですか? （ O / C ）
19. この口紅の色は,いかがですか? （ O / C ）
20. 来週の木曜日2時に予約いたしましたが,大丈夫ですか? （ O / C ）

♥ワーク10：開かれた質問と閉ざされた質問をあげてみましょう。

開かれた質問

1.
2.
3.
4.
5.
6.
7.
8.
9.
10.

閉ざされた質問

1.
2.
3.
4.
5.
6.
7.
8.
9.
10.

♥ワーク11

2人1組になり，聞き手と話し手に分かれる。
1. 閉ざされた質問のみで質問をくり返す。
2. 開かれた質問のみで質問をくり返す。　　　　　　　　　　　　　　　（各3分間）

1と2の聞き方についての感想を述べ合う。振り返りシートに記入する。

3 応答技法

① 最小限のはげまし（うなずき，あいづち，促しなど）

「簡単な受容」ともいわれており，クライエントがどのような感情や態度を表現しても，「ええ」「うんうん」「なるほど」「はい」などと『あいづち』を打ちながらそれを受容します。また，「それで？」「それからどうしたのですか」など相手の話の先を促します。

クライエント側からすると十分に自分の話を聞いてもらえているか，自分に関心を向けてくれているか，それとも事務的に聞き流されているかを感じ取る重要な応答です。また言葉だけでなく，非言語的な面（表情，態度，動作など）もクライエントが発信する重要な情報なので，そのことも配慮して応答することが重要です。

♥ワーク12

2人1組
話し手：最近あった面白い話をする。
聞き手：話を聞くときに，いろいろな非言語的方法も用いてあいづちを打つ。
タイミングの悪いうなずき・オーバーな応答・声のトーンを変えてみる・表情を変えてみる（無表情・笑顔・眉間にしわを寄せるなど）・姿勢を変えてみる（のけぞる・腕を組む・足を組む・猫背）など。
2分間たったら交代する。

② くり返し

クライエントが話をしたことをカウンセラーが要約したり，自分の言葉で返すのではなく，クライエントが言ったとおりに，そのままをくり返すだけのものです。「おうむ返し」の技法ともいわれています。これによって，カウンセラーが積極的に傾聴し，共感的に理解しつつある姿勢がクライエントに感じられるようになります。また，クライエントがこんな話でよいのだろうかと不安なときや話につまったときに，言葉をそのまま返すことで，クライエントを支える（支持的な）役割も果たしていきます。

ただし，クライエントの話を全部おうむ返しにするのでは，本当に聴いてもらっているように受け取れないので，合間にはうなずきやあいづち，促しなども入れながら応答するように心がけます。

例3　クライエント：昨日，久しぶりに彼から突然電話がかかってきたのです。
　　　カウンセラー：久しぶりに彼から突然電話がかかってきたのですね。

例4　クライエント：思いきってイメージチェンジしたいんです。
　　　カウンセラー：イメージチェンジをしたいんですね。

♥ワーク 13
2人1組
話し手:「今日,学校に来るまでの出来事」を話す。
聞き手:**1** 無反応
　　　　2 一言,一言くり返しながら聞くように努める。
　　　　3 話の中で重要と思われる言葉のみくり返しながら聞くように努める。

各ワークの感想を述べる　　話しやすかったのは,聞いてもらえたと感じたのは,聞き手がどのような反応をしたときだったかなど。

♥ワーク 14
3人1組
話し手:最近身の周りで起きたことを題材に話す。　　　　　　　　　　（3分間）
聞き手:適度にあいづちをいれて聞く。
観察者:会話の様子を観察する。
　次の2種類のくり返しをする。
1「いつ,どこで,誰が,何を,どのように,なぜ」などの客観的事実を受け止めてくり返す。
2 話し手の感情を表現した言葉を受け止めてくり返す。
　以上の2種類のくり返しを受けて,話し手はどのような発言をそれぞれ続けたか,なぜそうなったかを話し合ってみる。

♥ワーク 15
2人1組,美容室にて
話し手:「カットをお願いします」(「カラーリング」「パーマ」「セット」でも同様に行う)。
聞き手:話し手が言ったとおりに,くり返す。　　　　　　　　　　（各1分間)
　　　　質問はしないで,聴く。途中で終わってもよい。

③ 確　認
　話し手のあいまいな話をできるだけ具体的にしていく作業です。さまざまな技法を用いて行います。場面を特定していくと,クライエント自身もあいまいにしか捉えていなかった内容が明確になっていきます。

　例5　話し手:まずあいまいな内容を述べる。
　　　　　　　　「実習グループの人たちといると何となく嫌なんです」。

聞き手：どういう場面か，どういう状況か，質問したり，くり返したり，要約したりして，話し手の話の内容が明確になっていくよう働きかける。
具体的な内容：「グループで実習について話し合う場面になると，特に人から自分のやり方について指摘されると，落ち着かなくなるのです。批判された感じで」。

■♥ワーク16
2人1組
話し手：「こういう髪型にしたい」とイメージする。
聞き手：質問の技法，くり返しなどを使いながら，話し手の希望する髪型を聴いていく。最後に「○○さんは，〜という髪型にしたいのですね」。　　　　（3分間）

■♥ワーク17
話し手：「これからしたいこと」について話す。
聞き手：質問の技法，くり返しなどを使いながら，話を聴いていく。
最後に「○○さんは，〜ということがしたいのですね」。

④ 明確化
　人は自分の感情に気づいているようで，意外にあいまいで気づいていないことが多いようです。また，自分にとって不都合な感情や，認めたくない感情があると，無意識にそこから目をそむけたりすることもあります。クライエントも，いつも自分の感情を率直に言葉に表すことができるとは限りません。ほとんどは，ことがら（事実）を話しながらその中に気持ち（感情）が含まれていたり，気持ち（感情）を伝えるために，ことがら（事実）を話していることも少なくありません。
　ある感情を抱いているのにその感情をあいまいにしか感じられないとき，あるいは気づいていないとき，その気持ち（感情）をカウンセラーが汲み取って，カウンセラーの言葉でフィードバックする技法が「感情の明確化」です。カウンセラーがクライエントの感情を言語化することによって，クライエントは「ああ，そうなんだ」と自分の感情に気づき，気づくことで初めて自分を理解することもできるのです。それは自己成長のために重要な手続きです。

例6
クライエント：友人から旅行に誘われているのです。その子とは気が合ってよく出かけていたのですが，……かなり押しの強いところがあって，頼りにはなるんですが……たいがいは彼女の行きたいところに出かけることが多くて，……この前も彼女から「どうする？　どこいく？」って聞かれたんですけど，やっぱり彼女はもう場所も決めていて……私も考えておくね，と答えたきりで，その後会っていないんです。

例6①
カウンセラー：そのお友達と一緒に旅行に行くことに不安を感じて，なんとなくお友達を避けてしまっているのですね。
クライエント：ああ，そうなんでしょうか。一緒に旅行に行ってもすべて彼女に合わせなくてはならないのかな，と思うと重荷だし……疲れそう……いい子なんですけどね……。

例6②
カウンセラー：友達に自分が行きたいところの希望を伝えると，彼女との関係がまずい雰囲気になると考えていらっしゃるのですね。
クライエント：確かに彼女との関係はまずくなったら嫌だなと思って，いつも合わせてしまう事が多いですね。私も行きたいところはあるし，彼女も了承してくれると思いますが，何となく後味が悪くてすごく彼女に気をつかってしまうのです。

　例6の文に対して，①は彼女と一緒に旅行に行くことへの不安，②は自分の希望を伝えることによって，彼女との関係が気まずくなることへの不安に焦点を当てています。これによって，まずクライエントに自分の感情への気づきを促し，なぜ不安に感じるのかを明確にしていきます。
　一方，例6のときに，「彼女とどんなところへ旅行をしましたか？」と返したとすると，楽しい会話かもしれませんが，せっかくの自己洞察の機会は失われ，漫然と会話が進行していくことも予想されます。

♥ワーク18
2人1組
話し手：「最近，心に残ったこと」について話す。
聞き手：質問の技法，くり返しなどを使いながら，話を聴いていく。
　　　　最後に「○○さんは，〜ということが心に残ったのですね」。

5 要 約

　カウンセラーは，ある程度聴いたクライエントの話のポイントをつかんで，自分が理解した内容をカウンセラー自身の言葉で要約してクライエントに返す作業をします。この作業（要約）は，カウンセラーが理解した内容とクライエントが理解してもらいたいと思っている内容とが一致しているかどうか，お互いに確認していく作業です。クライエント自身も自分の話したいことを再確認でき，問題を明確化するような方向に動き出すことができます。

♥ワーク19

3人1組
話し手：新入社員で仕事が覚えられずに悩んでいる状況を話す。　　　　　（2分間）
聞き手：「～と理解してよろしいでしょうか」「～ということでしょうか」という言い方を用いて，話し手の話を，より明確にしていく作業をする。
観察者：どの程度話のポイントを捉えているか，観察する。
　終了後，話し手は自分が何を伝えようと思っていたか，どの程度明確になったか，などを話し合う。

♥ワーク20

2人1組，エステティックサロンにて
話し手：「肌が乾燥して困っているんです」（「ニキビ」「シミ，くすみ」でも同様に行う）。
聞き手：ポイントをつかんで，くり返す。1分間聴いた後に，要約して確認する。
　　　　質問はしないで，聴く。途中で終わってもよい。

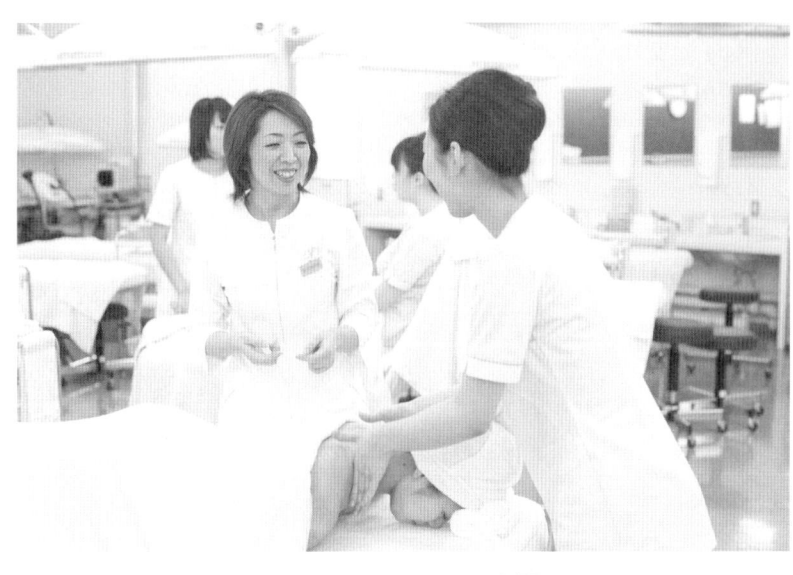

エステティックの実習

♡ 紙上練習

❶ 次の会話に用いられている技法を下のリストから選び,【　　】の中に記入してみましょう。

例 1 ① エステティックサロン

受付担当1：いらっしゃいませ。本日は初めてのご来店でいらっしゃいますか？
　　　　　　　　　　　　　　　　　　　　　　　　　　　　　【　　　　　】
　　客1：ええ，そうなんです。
受付担当2：ようこそおいでくださいました。どんなメニューをご希望ですか？
　　　　　　　　　　　　　　　　　　　　　　　　　　　　　【　　　　　】
　　客2：何だかこのごろシミが目立つようになった気がして……。
受付担当3：シミでお困りなんですね。　　　　　　　【　　　　　】
　　　　　そうしますと，美白をご希望ということでよろしいですか？
　　　　　　　　　　　　　　　　　　　　　　　　　【　　　　　】
　　客3：ええ，そうなんですが……何しろ初めてなもので，まだちょっと……
受付担当4：何かご心配でいらっしゃいますか？　　　【　　　　　】
　　客4：あのー，料金て，高いのかしら？ 主婦だし，気になっちゃうんですが
　　　　……
受付担当5：美白を試してみたいけれど，料金についてご心配だったのですね。
　　　　　　　　　　　　　　　　　　　　　　　　　【　　　　　】
　　　　　当店の美白メニューは，回数と料金によってこのような3つのコースがございます。初めての方でしたら，こちらのお試しコースから始められてはいかがでしょうか？

【技法のリスト】

　　開かれた質問　　閉ざされた質問　　くり返し　　明確化

例1② 日常会話

アシスタント1：すみません，どうしたらいいでしょう……。
スタイリスト1：どうかしたの？　　　　　　　　　　　　　　【　　　　　】
アシスタント2：今日，お客様から苦情を言われて……悩んでいるんです。
スタイリスト2：ああ，苦情を言われて悩んでいるわけね。　　【　　　　　】
アシスタント3：あ〜，思い出したくないなあ〜。
スタイリスト3：どんな苦情だったの？　　　　　　　　　　　【　　　　　】
アシスタント4：お客様がヘアカラーをして待っている間に，お茶を出したんです。その時に冷たいお茶を出したら，『温かいお茶を頼んだはず，しっかりしてよ！』って怒鳴られちゃって……。でも，そのお客様は，冷たいお茶が欲しいって確かに言ったんです。他のお客様も聞いている中で怒鳴られたので，恥ずかしかったし……。もうやんなっちゃいます。
スタイリスト4：なるほどね。相手が間違っているのにという不満と，みんなの前で怒鳴られたという恥ずかしさと，両方の気持ちがあるのね
　　　　　　　　　　　　　　　　　　　　　　　　　　　　【　　　　　】
アシスタント5：そうなんです！　私も確かめれば良かったのかもしれませんが，あんなふうに怒鳴られると，謝る気も起きなくて……，謝らなかったんです。
スタイリスト5：う〜ん……，今考えると，どうしたら良かった？
　　　　　　　　　　　　　　　　　　　　　　　　　　　　【　　　　　】
アシスタント6：客様が言ったことを，もう一度確認すれば良かったかもしれません。それに……，お客様なんだから，その時は失礼しましたとお詫びして，お茶を取り替えに行けば良かったと思います。たぶん顔はむっとしていて，不機嫌な態度をとってしまったかもしれません。
スタイリスト6：そっか。確認は大事だと思ったのね。それに，お客様なんだから気持ちを切り替えて，お詫びしてお茶をとり替えたら良かったと思ったのね。
　　　　　　　　　　　　　　　　　　　　　　　　　　　　【　　　　　】
アシスタント7：そうなんです。何だか話して少し気持ちが落ち着きました。今度は，気をつけます。確認が大事ですね。ありがとうございました。

【技法のリスト】

　　　開かれた質問　　　閉ざされた質問　　　くり返し　　　明確化

例1③ 心理相談

話し手1：最近，学校に行くのがおっくうで……。
聞き手1：そうなんだ。よければ，もう少し詳しく話してみて。【　　　　　】
話し手2：何だか，朝起きると……ああ……今日も学校に行かないと……って思うと憂うつな気分になってきて，ずーっとふとんの中にいたいって思ってしまうんだ。
聞き手2：朝になると，憂うつで起きたくなくなってしまうのね。
　　　　　　　　　　　　　　　　　　　　　　　　　　　　　【　　　　　】
話し手3：うん。
聞き手3：最近，学校で何か嫌なことがあったの？　　　　　　【　　　　　】
話し手4：うん。
聞き手4：どんなことがあったの？　　　　　　　　　　　　　【　　　　　】
話し手5：実は……，同じクラスの田中がいつも僕に授業のノートを貸してって言うんだ。それも，あいつまったく授業に出ていなくって……それなのにノートだけはないと心配らしくって毎回貸してって言われるんだよ。貸してやると，なかなか返してくれなくて……先週なんて小テストがあったのに……返してって言えずに……結局ノートなしで受けたんだ。結果はさんざんだったよ。
聞き手5：それは困ったもんだね。ノートがなくて受けるなんて不安だったんだね。
　　　　　　　　　　　　　　　　　　　　　　　　　　　　　【　　　　　】
話し手6：僕も，早く返してって言えればいいんだけれど……いろいろ考えているうちにめんどくさいのと，顔をみると不快になりそうで……学校に行きたくなくなってしまっているんだと思う。
聞き手6：早く返してと直接言えればいいとはわかっているんだけれど，言えないし，試験のことを思い出したりすると不快で，田中君に会いたくないので，学校にも行きたくないのね。　　　　　　　　　　　　　【　　　　　】
話し手7：そうそう。そうなんだ。

【技法のリスト】

> 開かれた質問　　　閉ざされた質問　　　くり返し
> 最小限のはげまし　　明確化　　　要約

❷ 次の会話に用いられている技法を【　　　】内に記入しましょう。

例2① 美容室

美容師1：いらっしゃいませ。今日はどのようにいたしましょうか。
　　　　　　　　　　　　　　　　　　　　　　　　　　　　　【　　　　　】
　客1：うーん，何かいつもしっくりこなくて，どういうふうにしたらいいか迷ってるんですけど……。
美容師2：しっくりこない，といいますと？　　　　　　　　　【　　　　　】
　客2：自分で気にいってる髪型でも，みんなちっともほめてくれないんですよね。
美容師3：ほめてもらえないんですか。　　　　　　　　　　　【　　　　　】
　　　　皆さんどんなふうにおっしゃってます？　　　　　　【　　　　　】
　客3：あんた童顔なのに似合わなーい，とか，何それー，とか，もうムカつくんですよ。
美容師4：なるほど。ご自分では気に入ってるのに，そんなふうに言われたら，がっかりしちゃいますよね。　　　　　　　　　　　　　　　　　【　　　　　】
　　　　で，ご自分ではどんなスタイルをご希望ですか？　　【　　　　　】
　客4：少し大人っぽい雰囲気にしたいんですけど……。
美容師5：大人っぽい雰囲気ですね。　　　　　　　　　　　　【　　　　　】
　　　　そうすると，まず長さはどういたしましょうか。　　【　　　　　】
　客5：あまり切らないで，レイヤーにしてみたいんですが。
美容師6：ロングレイヤーですね。　　　　　　　　　　　　　【　　　　　】
　　　　では，前髪は？　　　　　　　　　　　　　　　　　【　　　　　】
　客6：前もおろさないで，後ろへ流す感じで……。
美容師7：パーマはかけますか？　　　　　　　　　　　　　　【　　　　　】
　客7：ゆるめにかけたいんですけど。
美容師8：では，レイヤーとやわらかいウェーブで，大人っぽい雰囲気を出したいということですね。　　　　　　　　　　　　　　　　　　　　　　【　　　　　】

例2② 日常会話

話し手1：どうしよう，どうしよう……。
聞き手1：どうしたの？   【   】
話し手2：今日，バイト辞めるって言うかどうか，考えてるんだ。
聞き手2：そうか，辞めるって言うかどうか，考えてるんだ。   【   】
話し手3：あーやだなあ，悩むなあ。
聞き手3：いやな気分なんだね。どんなところで悩んでいるの？
                                                  【   】
話し手4：だってあの店，時給安いし，売ってる服ダサいし，だから売れなくて，個
　　　　人商店だから売れ行き悪いと，店長なかなか給料くれないし。最悪だよ。
　　　　客も買わないくせにすぐ服広げるし！
聞き手4：最悪なんだね。   【   】
話し手5：でもね，バイト私ひとりだし，店長より私のほうが仕事できるし，リース
　　　　とかで使ってもらうスタイリストさんたちのコネもあるし……っていうか，
　　　　店長ひとりじゃ店もダサいし，店長もダサいし，もうお店つぶれちゃうよ！
聞き手5：バイトの待遇が悪くて不満なのと，お店のためを考えちゃうのと，両方の
　　　　気持ちがあるんだね。   【   】
話し手6：そうなの！　店長も自分がダサいってことうっすら感づいてて，私をそれ
　　　　となく頼りにしてるんだよね。焼肉たまにおごってくれるし。どうしよう，
　　　　どうしたらいいかなあ！？
聞き手6：うーん……どうしたらいいと思う？   【   】
話し手7：……辞めたい気持ちはあるけど，やっぱり辞められないよね。
聞き手7：辞めたい気持ちより，辞められない気持ちのほうが大きいみたいだね。
                                                  【   】
話し手8：うん。そうかもしれない。今は辞められない気持ちのほうが大きいから，
　　　　辞めたい気持ちが大きくなったら，辞めるって言おうかな。
聞き手8：そうだね。   【   】
話し手9：話聞いてくれてありがとう。

例2 ③ 悩み相談

妻1：あなた，一郎の学校のことで相談があるんですけど，最近一郎の成績が下がってきているみたいなのよ。
夫1：一郎の学校のことで話があるんだね。　　　　　　　　　【　　　　　】
妻2：そうなんですよ。なんか最近，一郎ったら試合が近いらしくて，野球部の練習が忙しそうでまったく勉強をしていないみたいなの。
夫2：野球の練習ばっかりでまったく勉強をやっていないんだね。
　　　　　　　　　　　　　　　　　　　　　　　　　　　　　【　　　　　】
妻3：そうなのよ。同級生のお母さんが言うには，今から勉強をさせておかないと塾のよいクラスに入れなくなると言っているし，五島さんの子供は塾に週3回も行っているらしいのよ。
夫3：それは一郎も塾に入れたほうがいいかどうか，君が迷っているということかい？
　　　　　　　　　　　　　　　　　　　　　　　　　　　　　【　　　　　】
妻4：そうなのよ。周りの人も塾にそろそろ入れているみたいで……うちもそうしたほうがいいのかしら？
夫4：そろそろうちも塾に入れるかどうか迷っているんだ……。【　　　　　】
妻5：そうなんです。
夫5：君の考えは，どうなんだい？　　　　　　　　　　　　　【　　　　　】
妻6：うちはまだ早いような気もするんです。だって，あんまり無理させても一郎はまだ中学1年生だし。部活とか友達関係とか，いろんなことを経験したほうがよいようにも思うのよね。
夫6：（うなずく）　　　　　　　　　　　　　　　　　　　　【　　　　　】
妻7：一郎はどう思っているのかしらね？　塾へ入りたいのかしら？
夫7：今日晩ご飯のときにでも，3人で話し合ってみるか。
妻8：そうしましょう。

4 カウンセリングの実際：ロールプレイング

1 ロールプレイングとは

　ロールプレイングは，モレノ（Moreno, J. L.）のサイコドラマにおいて概念化され，サイコセラピーとしてのロールプレイングの他に，教育やさまざまな訓練場面でのロールプレイングに広く用いられています。カウンセリング実習では，「カウンセラー」「クライエント」という役割（role）を演技する（play）という意味があります。このようなことから，ロールプレイングは「役割演技」，意訳すると「実技演習」ということになります。

　ただし，心理的問題のロールプレイングでない場合は，話し手（Speaker），聞き手（Listener）という表現をします。

　カウンセリング実習でのロールプレイングの目的は，次のようなものです。

- これまで学んだ技法を知識だけに止めず，体験的に身につけていく。
- ロールプレイングの体験を通して自己認識をする。
- クライエント役の気持ちや態度を敏感に感じ取り，読み取る能力を高めるという感受性の訓練をする。
- ロールプレイングの観察やロールプレイング後の討議により，客観性の訓練をする。

2 ロールプレイングの実際

　ロールプレイングは，下図のような配置で行います。

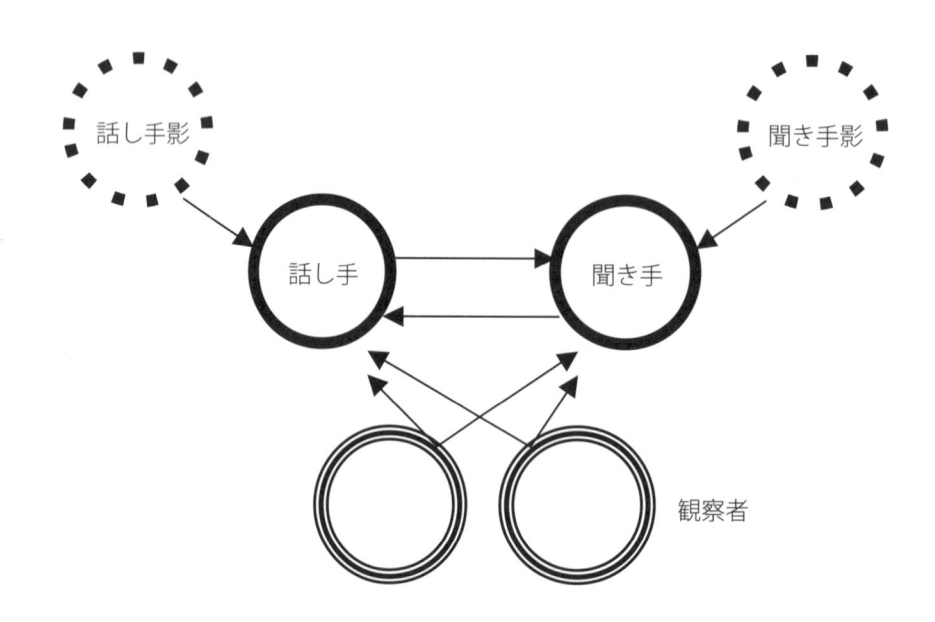

●役　割

　　話し手：テーマに沿って役割を演じる。
　話し手影：話し手と聞き手のやり取りを，話し手の気持ちになり観察する。
　　　　　　やり取りには参加しない。
　　聞き手：カウンセリングの技法を意識して，聴く練習をする。
　聞き手影：話し手と聞き手のやり取りを，聞き手の気持ちになり観察する。
　　　　　　やり取りには参加しない。
　　観察者：話し手と聞き手のやり取りを観察して，討論のときに意見を述べる。

＊留意点：話を聴く過程の練習です。ロールプレイングの時間内に解決する必要はありません。

③ ウォーミングアップ（図形の説明）

♥ワーク21：一方通行のコミュニケーションと相補的なコミュニケーションの体験

　課題①：リーダーがメンバーに一方的に図形の説明をし，メンバーは聞いて理解したままの図形を描く。
　注意事項：リーダーはいっさい質問を受け付けないこと。身振り手振りなど，非言語的な方法も使用しないこと。
　　　　終了後，メンバーは自分が何％くらい正確に図形を描けたか記載する。
　課題②：リーダーはメンバーに図形の説明をする。質問は受け付けてよい。身振り手振りも使用して伝えてもよい。メンバーは今まで勉強した技法を用いながら（質問やくり返しなど）図形を描く。
　　　　終了後，課題①と同様に正答率を記載する。
　課題③：課題①，②の終了後，一方通行のコミュニケーションと相互的なコミュニケーションの感想をリーダー，メンバーそれぞれが述べる。

　カウンセリングは今まで説明してきたように，カウンセラーとクライエントの相互作用によって進められていきます。カウンセラーは常にクライエントが自由に話せるよう援助し，話の内容，感情などに目を向け，それを明確にしていきます。課題①では一方的に話す，聞く体験で，課題②では相互的なコミュニケーションの体験です。カウンセリングは課題②のようにお互いが相手に伝えたい，理解したいという相互作用によって進められていく過程です。

４ シナリオによるやり取り

例1　美容室

　　　　客1：このところヘアスタイルが決まらなくて憂うつなんです。
美容師1：そうですか。ヘアスタイルが決まらないと気分まですっきりしませんよね。
　　　　客2：何だか今のスタイルが似合わない気がするので変えたいんですが。
美容師2：もっと似合うスタイルに変えたいということですね。
　　　　客3：ええ，すっきり爽やかな感じにしたいんです。
美容師3：なるほど。「すっきり爽やかな感じ」ですね。
　　　　客4：ええ。
美容師4：長さやウェーブについて，お好みがありますか？
　　　　客5：短めで，少しウェーブのある髪がいいんですが。
美容師5：それでは，今はやっているショートのスタイルとしてこんなのがありますから，この中から選んでみましょうか。
　　　　客6：ええ，こんなのはどうかしら。
美容師6：ではこのようにしてみましょう。

例2　悩みの相談

　　　　相談者1：このごろ友達とうまくいかなくて困っているんです。
カウンセラー1：そうですか。お友達とうまくいかないんですね。
　　　　　　　　どんな風にうまくいかないんですか。
　　　　相談者2：私のことを避けているようなんです。前はとても仲良しだったのに。
カウンセラー2：お友達があなたを避けているようで困っているんですね。
　　　　相談者3：ええ，そうなんです。
カウンセラー3：他にも何か気になることがありますか。
　　　　相談者4：それだけじゃなくて，他の人にも私のことを何か言っているようなんです。だから学校へ行くのが前みたいに楽しくないんです。
カウンセラー4：お友達が他の人にもあなたのことを言っているようで気になって，楽しく学校へ行けなくなってしまったんですね。
　　　　相談者5：ええ。
カウンセラー5：何か原因として考えられることはありますか？
　　　　相談者6：自分では思いあたらないんですが……。
カウンセラー6：自分では思いあたらないのに，お友達に避けられているようで悩んでいるということですね。

例3　日常会話

聞き手1：昨日の面接どうだった？
話し手1：うーん……どうだったかな。いいか悪いかまったくわかんない。
聞き手2：わからないんだ。
話し手2：結構，緊張しちゃって……。
聞き手3：緊張したんだね。具体的に，どんな感じだったの？
話し手3：えっと，まず自己紹介してください，って言われて。あ，3人の集団面接だったのね。それで，店長とスタイリストさんが2人いて。
聞き手4：3人もいたんだ。で？
話し手4：美容師にとって大切だと思うことは何か？とか，趣味は何か？とか，自分の性格は？人からどんな風に見られるか？とか，いっぱい聞かれたよ。
聞き手5：そんなにいっぱい聞かれるんだー。
話し手5：しかも私，一番右に座ったばっかりに，何でも一番に聞かれちゃうのね。すごい緊張して，手に汗かいちゃって，何しゃべったか，いまいち覚えてないの。
聞き手6：そうなんだ，大変だったね。

メイクアップの実習

例4　日常会話

話し手1：昨日映画見に行ったよ。
聞き手1：いいなぁ。何見たの？
話し手2：『ゴーストワールド』っていうやつ。
聞き手2：ゴーストワールド？　どんな話なの？
話し手3：高校出たばかりの2人の女の子なんだけど，その2人が毒舌で，高校時代の同級生とかバカにしてるのね。で，みんなバカばっかり，あれがダサい，って文句ばっかり言ってるけど，じゃあ何がしたいのか，というと，2人ともさっぱり分からないの。いやなことはいっぱいあるのに，やりたいことがないの。
聞き手3：へえ……2人の女の子が文句ばっかりいっているけどしたいことがみつからないんだぁ。結構リアルな青春話だね。それで？
話し手4：2人のうち，1人は社会に順応するんだけど，もう1人はどんどんアウトサイダーになっていって，仲良しだった2人が，徐々に温度差を感じだすの。
聞き手4：あー，生活が違ってくるんだ。
話し手5：それで，いろんな事件があって，2人はある日を境にふっつりと会わなくなるの。そういう，みんなが経験してるけど，あまりドラマチックじゃない別れだから多くの人が気がつかないような，『人生の岐路』みたいなものが描かれていて，印象的だった。
聞き手5：人生の岐路かぁ。気がつかないで過ごしているのかもしれないね。私も観てみよう。

■さらに勉強したい人のために──Chapter ③　参考文献

> イーガン, J.（福井康之, 飯田　栄訳）1992　カウンセリング・ワークブック　創元社
> 岡堂哲雄　2000　人間関係論入門　金子書房
> 国分康孝　1979　カウンセリングの技法　誠信書房
> 水島恵一, 岡堂哲雄, 田畑　治　1978　カウンセリングを学ぶ　有斐閣選書

■♡紙上練習　解答

p.28　1－①エステティックサロンの例
　　上から順に,【閉ざされた質問】【開かれた質問】【くり返し】【閉ざされた質問】【開かれた質問】【明確化】

p.29　1－②日常会話の例
　　上から順に,【開かれた質問】【くり返し】【開かれた質問】【明確化】【開かれた質問】【明確化】

p.30　1－③心理相談の例
　　上から順に,【最小限のはげまし】【くり返し】【閉ざされた質問】【開かれた質問】【明確化】【要約】

p.31　2－①美容室の例
　　上から順に,【開かれた質問】【開かれた質問】【くり返し】【開かれた質問】【明確化】【開かれた質問】【くり返し】【開かれた質問】【くり返し】【開かれた質問】【閉ざされた質問】【確認】

p.32　2－②日常会話の例
　　上から順に,【開かれた質問】【くり返し】【開かれた質問】【くり返し】【明確化】【開かれた質問】【明確化】【最小限のはげまし】

p.33　2－③悩み相談の例
　　上から順に,【くり返し】【くり返し】【明確化】【くり返し】【開かれた質問】【最小限のはげまし】

ワインディングの実習

山野美容芸術短期大学内の YCA ビューティサロン

Chapter ④　カウンセリングの理論とその技法

❶ 理論の必要性

　これまでカウンセリングを行うにあたってのいろいろな考え方や方法について勉強してきました。そうしたさまざまな考え方や方法などにはそれぞれに背景になる心理学的な理論があります。単に経験から考えられた方法ではありません。また，これまでに説明してきた方法の他にもカウンセリングの考え方や方法はたくさんあります。それぞれの理論は基本的な考え方は本質的には余り違いはありませんが，表面的なことやその技法への入り方，施行のしかたなどには違いも見られます。ここでは，カウンセリングで用いられるさまざまな理論のうち，比較的よくカウンセリングに用いられる理論を説明して，カウンセリングを行うときにその理論をどのように使うかといった技法（スキル）について説明します。

　では，カウンセリングを行うにあたってなぜ理論的背景が必要なのでしょうか。理論の機能について説明しておきます。理論の機能には以下のようなことがあげられます。

　　① 結果の予測がつく。
　　② 事実の説明や理解・解釈の手がかりとなる。
　　③ 現象の整理・理解ができ，その中から事実を探すことができる。
　　④ 仮説が立てられる。

　①まず，理論に基づいてカウンセリングを行うと，その相談事例の結果の予測がつきます。たとえば，クライエントのパーソナリティが問題であったとき，そのようなパーソナリティの人は，カウンセリングが進むにつれてどのように行動変容するかということが予測されますから，どのようにアプローチしたら効果的かがわかります。

　②次に，クライエントの言動をある心理学の理論に当てはめてみることによって，その言動を理解することが容易になります。

　③また，そこで起こっていることを理論に当てはめてみることで，なぜそのようなこと（例えば問題になる人間関係）が生じたかなどを整理し理解することができ，起こっている事柄を整理することで，クライエントが感じ考えていること（現象）から事実を見つけ出すことができます。

　④そして，理論に基づいて考えていけば，こうなるであろうという仮説が立てられますから，そのクライエントがどのように行動変容して行くかを考え，どのように援助をしたらよいかというカウンセリング関係の構築ができます。

　以上のようなことから，カウンセリングには理論的背景が必要となります。いろいろな理論を学びそれについての技法を学ぶことで，カウンセリングをより効果的に行うことができるようになります。

2 さまざまな理論

①来談者中心療法

　来談者中心療法は，ロジャーズ（Rogers, C. R.）が提唱したカウンセリングの代表的な方法の一つです。これは，悩みごと（問題）を解決する主体はカウンセラーではなく，悩みをもって相談に来た「来談者（クライエント）」であるとの考え方から，来談者（クライエント）中心療法と呼ばれています。

　ここでは，その基礎理論である自己理論と，技法としての来談者中心療法についてみてみましょう。

❶自己理論

　ロジャーズの基本的な考え方は「**現象学**」と呼ばれます。これは，目に見える世界をどう受け止めるか，一人ひとり異なる主観的な認知の世界を尊重しようとする考え方です。

　いきなりこんなことをいうと難しそうに思われるかもしれませんが，まず図2を見てください。旅人は，早く宿に着きたい一心で，雪の野原と思い込んで馬をとばして来たのですが，宿の主人からそこが湖の上だったと聞いて，初めて驚いています。つまり，身の回りの出来事に対する見方・考え方というのは，私たちの受け止め方次第でまったく違ったものになるということです。

　このように，私たちはものごとを客観的に見ているつもりでも，実はそれぞれがこのような主観的世界に生きており，各自が感じとっていることは，互いに異なっているのだということを知っておく必要があります。ですから，例えば「私は目つきが悪いから皆に嫌われている」と思い込んでいる人に対して，いくら「そんなことないよ」と否定しても，その人を本当に理解したことにはなりません。むしろ，「私の気持ちをわかってもらえなかった」とかえって落ち込んでしまう可能性もあります。理解すべきなのは，客観的事実はどうあれ，その人にとっては「人に嫌われているのではないかと気になってしかたがない」という心の中の真実なのです。

> ひとりの旅人が，吹き荒れる吹雪の荒野を，遠路，馬に乗ってやってきました。遠くに一軒家をみつけ，やれやれとばかりに馬をとばし，一夜の宿を乞いました。
> 　宿の主人が，旅人に，「あなたはどちらの方角からやって来たのか？」と尋ねました。旅人が「私はこちらの方角から来たのです」と応えると，主人は，「それでは，湖の上を渡ってきたのか」と言いました。
> 　旅人が，「いや，私はただの雪の野原を来たのだ」と応ずると，主人は，そこには湖があるのだ。雪でみえなくなっているだけだ」と言いました。
> 　いわれて旅人は，大へん驚いて，「いやはや，気がつかなかった。薄い氷の上を渡ってでもいたら，大へんなことになっていたなあ」と，肝の冷える思いで言いました。

図2　現象学的世界（福山，1986）

次に，自分で自分をどう見るか，その受け止め方を「**自己概念**」といいます。この自己概念はそれまでのさまざまな経験の中から構成されるもので，「私は美人な方だ」とみるのも，「人とうまくつきあえる」と考えるのも，「勉強は苦手だ」と思うのも自己概念です。

　ところで，「人とはうまくつきあえる」と思っている人が，誰かとトラブルになって相手から批判されたとします。このとき，「世の中にはいろいろな人がいるのだから，つきあい上手な私でもときにはうまくいかないこともある」と自己概念を修正することができれば，図3のように，自己概念と経験はほぼ一致したものとなり，その経験を受け入れて，問題解決のために前向きに取り組むことができます。ロジャーズはこのような状態を「**自己一致**」と呼び，心理的に健康な状態と考えています。

　しかし，「私は誰とでもうまくつきあえるはずだ」という固い自己概念をもっていると，図4のように，人とトラブルになったという実際の経験と自己概念とがずれてしまい，それを受け入れることができません。その結果，「相手が悪い」と一方的に非難して問題を大きくしたり，「私はあの人に嫌われている」と必要以上に自分を責めて悩んだりすることになりかねません。このような状態は，「**自己不一致**」と呼ばれ，心理的に不健康な状態と考えられています。

　ロジャーズは，このような自己概念と経験の不一致が大きくなることによって，心理的な悩みが生じると考えています。また逆にいえば，自己概念を現実に見合ったものに修正して，その自分を受け入れることができること，つまり自己一致した状態になることによって，悩みは解消するといえます。

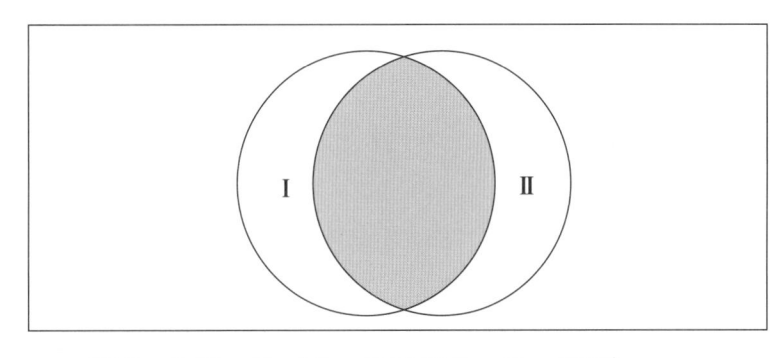

図3　自己一致（Ⅰ：自己概念，Ⅱ：経験）

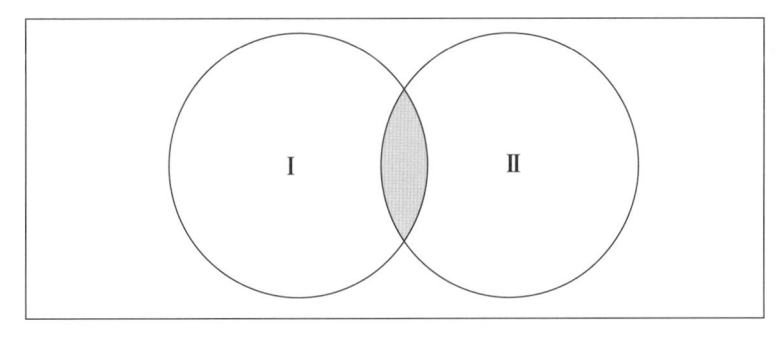

図4　自己不一致（Ⅰ：自己概念，Ⅱ：経験）

❷ 来談者中心療法

　来談者中心療法の基本的な考え方は,「人間は誰でも成長する力を内面にもっており,自分の問題をよく理解していて,もっともよい解決方法を見出すことができるのは,自分自身である」というものです。したがってカウンセリングとは,カウンセラーがあれこれと指示を出すべきものではなく(**非指示的**),問題解決の中心となるのは来談者(クライエント)であるとの考え方から,来談者中心療法と呼ばれます。

　ロジャーズはカウンセリングの過程で建設的な変化が起こるために必要な条件として,次のような条件をあげています。

①カウンセラーとクライエントが心理的な接触をもっていること

　カウンセリングの関係は,単なる事務的な関係ではありません。そこには人間同士としての,互いの心のふれあいが必要です。

②クライエントは自己不一致の状態にあること

　カウンセリングを求めるクライエントは,自己不一致の状態,つまり自分を受け入れることができず,不安定で,傷つきやすい状態にあります。

③カウンセラーは自己一致の状態にあること

　②に対してカウンセラーの側は,自己一致の状態,つまりありのままの自分を素直に受け入れ,精神的に安定した状態にあることが求められます。

④カウンセラーはクライエントに対して,**無条件に肯定的な態度で接すること**

　これはクライエントのすべてを,ありのまま暖かく受容するということです。そこには一切の価値判断をはさまず,「無条件に」それを行うことが求められます。

⑤カウンセラーはクライエントの世界を共感的に理解すること

　「共感的理解」の意味については第2章4節で学びましたが,これはカウンセラーの態度として,ロジャーズがもっとも重視したものです。カウンセラーはクライエントの世界を,クライエントの枠組みを通して「あたかも自分自身であるかのように」感じとり,理解しようとする態度が必要です。

⑥カウンセラーが④と⑤の状態にあることを,クライエントに伝えること

　カウンセラーがいくら相手を受容し,共感的に理解しているつもりでも,それがクライエントに伝わらなければ意味がありません。その意味でカウンセラーは,ただ聴いていればよいというものではなく,理解して,それを表現できることが必要になります。

②行動療法

これまでに紹介したさまざまなカウンセリングの理論と技法は，クライエントとカウンセラーの関わりを通して，クライエントが自分の心をよりよく理解できるように促すものでした。自己一致や認知の変容など，クライエントの心のあり方が変わることによって，問題が解決されると考えられているのです。これに対して行動療法はクライエントの考えや感情ではなく，表に現れた行動に直接働きかけて，問題となっている行動を変えようとします。

行動療法は日常生活の心の問題に，古典的条件づけと道具的条件づけの考え方を適用したものです。この二つの条件づけは百年以上も前から，おもに動物実験によって研究が行われてきました。古典的条件づけと道具的条件づけはヒトだけでなく，イヌやネズミやハトのようなさまざまな種の動物が，環境との相互作用をとおして学習する基本的な原理です。

❶ 古典的条件づけ（パヴロフ型条件づけ）

図5のパヴロフのイヌを見てください。イヌにエサを与えると，エサを食べるときにイヌは唾液を分泌します。これは食物を消化するために，生まれつきそなえられている反射です（**無条件反応 UR**）。その後，イヌをとりまく環境が変わります。今ではベルがなった直後にエサが与えられるようになりました。このようにして数回，ベルがなった後にエサを与えられるという経験をすると，イヌはベルの音を聞いただけで唾液を分泌するようになります（**条件反応 CR** の習得）。これは「ベルがなると次にエサが与えられる」という「ベル－エサ」関係が学習されたためです。このときベルを**条件刺激 CS**，エサを**無条件刺激 US** と呼びます。もともとベルとエサには何の関係もなかった

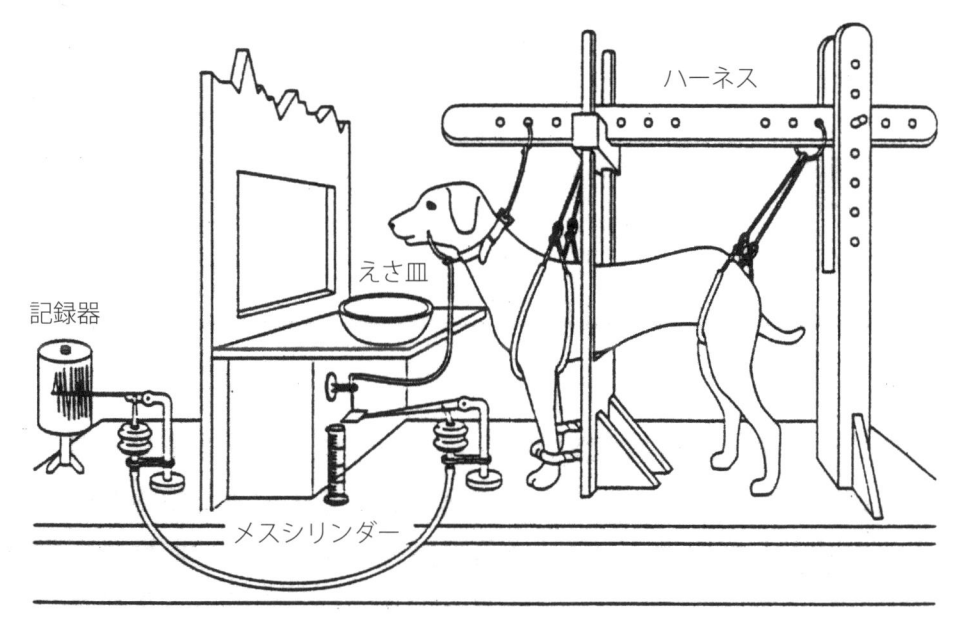

図5 パヴロフのイヌと古典的条件づけ（木村, 1994より引用）

はずです。ベルを初めて聞いたイヌは驚いて、耳をそばだてて注意を向ける反応（「おや、何だろう？」反応）をしますが、唾液を分泌したりはしません。しかし、ベルがなった直後にエサが提示されたため、この２つの刺激の関係が学習されました。このように複数の刺激を同時に経験することによって、それらの刺激が結びつけられると、古典的条件づけが起こります。また、ベルとエサを対提示して条件づけが成立した後にイヌをとりまく環境が変わり、ベルがなってもエサが提示されなくなると、条件反応（唾液の分泌反応）はしだいに減少して、やがて起きなくなります（**消去**）。いまでは「ベルがなってもエサは与えられない」という新しい学習が起きたのです。

　ヒトを含むさまざまな種の生活体は、日々の生活の中で多くの刺激や出来事を経験しています。そのなかで上記の古典的条件づけのメカニズムによって接近して経験された２つのことが関係づけられ学習されることがあります。不安や恐怖のような感情や、そうした感情にともなう身体の反応も同じようにして条件づけられるのです。

　古典的条件づけによる学習は、私たちの日常生活の中の多くの場面でも起きています。

事例１　動物恐怖

　白ネズミやイヌなど、それ自体は無害な小動物に強い恐怖を感じる人は、過去に次のような学習をした可能性があります。

　幼児が白ネズミに触れて楽しく遊んでいたときに（Ⅰ）、そばで金属の棒をハンマーで叩いて大きな音をたてました（Ⅱ）。大きな金属音（US）はおのずから恐怖を引き起こします（UR）。ところがこのとき、たまたま近くに白ネズミがいたため、古典的条件づけによって大きな金属音が白ネズミと結びつきます（Ⅲ）。以後、この幼児は白ネズ

Ⅰ　条件づけ以前には、子どもは白ネズミに対して積極的に行動する。

Ⅱ　子どもが白ネズミを見ているときに大きな金属音をたてる。

Ⅲ　白ネズミを恐れて、逃げる。

Ⅳ　恐怖反応は白いもの、毛のあるものに広く般化する。

図６　感情の条件づけ（アルバート坊やの実験）

ミ（CS）を見ると怖がって泣き出し，逃げだすようになりました（CR）。やっかいなことに，古典的条件づけによって学習された恐怖は，ウサギなど白ネズミ以外の動物でも引き起こされます（Ⅳ）。こうして**刺激般化**が起こり，動物恐怖が学習されました。

さいわい学習された恐怖は，古典的条件づけを活用して治療できます。先ほどの幼児がおもちゃで楽しく遊んでいるときに，幼児から数メートル離れたところに白ネズミを置きます。いつもは白ネズミを見ると怖がって泣き出すのですが，いまは楽しく遊んでいたところなので怖がりません。楽しく遊んでいるときに生じる快の感情が，白ネズミを見て起きる恐怖の感情を抑えるためです（拮抗条件づけ）。これを何度もくり返し，しだいに白ネズミを幼児のそばに近づけていくと，やがて自分から白ネズミに触れて遊ぶようになるのです。

事例2　パニック障害と手のふるえ

29歳の美容師Aさんは都内のあるサロンの副店長で，毎日忙しいながらも充実した生活をおくっていました。Aさんは2年前に通勤電車の中で，動悸や息切れやめまい，発汗などをともなうパニック発作を起こしたことがありましたが，病院で診療を受け処方された薬を飲むと発作はおさまりました。薬が効いたのかその後，パニック発作はめったに起きません。この2週間ほど来客数が多く，副店長としてスタッフ全員に気配りをしなければならないAさんは息をつく暇もありませんでした。また最近，ささいなことが原因で親友とけんかしてしまい，そのことが気になって数日前から疲れて帰宅した夜もよく眠れません。

そんなある日，サロンでお客さんのそばに立って髪を切ろうとすると，不意に呼吸が早まり動悸がして，あぶら汗がでてきました。ハサミをもつ手がふるえています。2年前のようなパニック発作が起きたことを知ったAさんは早退して，病院で診療を受けて帰宅しました。パニック発作はおさまりましたが，そのとき以来，サロンでお客さんのそばに立ったときにまた発作が起きて，ハサミをもつ手がふるえたらどうしよう，という不安な気持ちが起きるようになりました。そんなことはない，ハサミをもつ手がふるえたりしない，と懸命に自分に言いきかせて不安を打ち消そうとするのですが，あれこれ考えているとますます不安がつのってきます（**予期不安**）。翌日お店でハサミをもってみると，この不安のせいで本当に手がふるえてしまいました。

病院で主治医に相談すると，服薬して十分に休養をとりストレスを緩和したうえで，系統的脱感作法を行ってこの不安に対処することになりました。サロンでお客さんのそばに立ち，ハサミをもっている場面が，もっとも強い不安を引き起こします。この場面をイメージしたときの不安の強さを100として，さまざまな場面の不安の強さをこれと比較して点数化しました（**不安の階層表**）。また心身の緊張をとってリラックスできるように，自律訓練法を習得しました。まず，不安の階層表でいちばん下の「自宅で朝，サロンに出勤するために着替えている」場面をイメージしました。すると，やはりいくらか不安を感じます。ここで自律訓練法を行って心身の緊張を解きました。心身がリラックスすると不安は打ち消され，同じ場面をイメージしてもやがて不安は起きなく

表1　不安の階層表

イメージされた場面	不安の大きさ
1. 美容室でハサミをもち，お客さんのそばに立っている。	100
2. 閉店後，後輩の美容師にカットの技術を指導している。	90
3. カット技術の講習会で，新しい技術を練習している。	70
4. 美容室に来店したお客さんに挨拶をしている。	60
5. 美容室の朝のミーティングで，今日の予定を説明している。	30
6. 通勤電車の中で，今日の仕事の予定を考えている。	20
7. 自宅で朝，サロンに出勤するために着替えている。	10

なります。これを階層表の下から上へ順に行い，最後はハサミをもってお客さんのそばに立っている場面をイメージしても，不安が起きなくなりました。予期不安がなくなったAさんは，ハサミをもつ手がふるえることもなくなり，以前のように元気に美容師として活躍しています。

❷道具的条件づけ（オペラント条件づけ）

　図7の**スキナー箱**を見てください。この箱の壁にはレバーがつけられていて，それを押すと箱の外にある給餌器からエサ粒が提示されます。このスキナー箱という環境の中で，ネズミはレバーを押せば食物が得られることを学習します。自発的にレバーを押せば（**オペラント反応**），エサという報酬（**強化子**）が提示されます（**強化**）。「レバーを押せばエサが得られる」というオペラント反応と強化の関係を学習したネズミは，スキナー箱の中でレバー押し反応を行う頻度が増します。

　また，スキナー箱の環境が変わって，レバーを押してもエサが提示されなくなれば，やがてレバー押し反応は起きなくなります（**消去**）。オペラント反応と強化のあいだの新たな関係が学習されたのです。

　スキナー箱のレバーの上には，ランプがつけられています。このランプが点灯しているときにレバーを押すとエサが与えられ，点灯していないときにレバーを押してもエサは与えられない，という条件では，ネズミはランプが光っているときだけレバーを押すように学習します。このランプは，今，何を行えばよいのかを示す信号として機能しています（**弁別刺激**）。弁別刺激や強化の条件を変えれば，レバー押しというオペラント反応の起こりやすさを変えることができます。「弁別刺激―オペラント反応―強化」という3つの要素の関係がわかれば，弁別刺激や強化の条件を操作して，オペラント反応を変えられるのです（**行動修正**）。この3つの要素はいずれも外部から観察できるもので，思考や感情のような外部から見えない心の中の事象ではありません。

　ネズミは生まれつきさまざまな行動をしますが，ネズミの行動のレパートリーには，

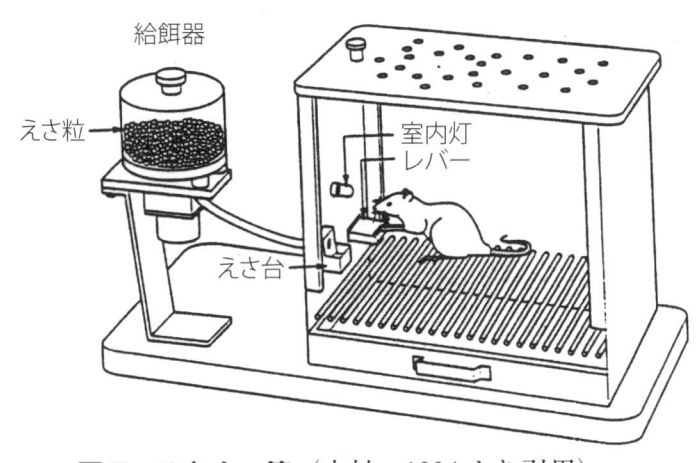

図7 スキナー箱（木村, 1994 より引用）

前あしでレバーを押すという反応は元来含まれていません。この場合には**行動の形成（シェイピング）**を行えば，レバー押し反応は素早く習得できます。レバー押し反応を構成するさまざまな反応（レバーのほうを向く，レバーに近づく，後あしで立つ，レバーに前あしを置く，など）を，簡単なものから順に強化すれば，レバー押し反応は比較的容易に習得されます。この**漸次接近法**による行動の形成は，私たちが新しい行動や技能を学習する際にも応用されています。

このようにある場面でどのような行動を行えば，好ましい結果が得られるのかを道具的条件づけで学習できるのです。ヒトの場合も弁別刺激や行動の結果である強化の条件を変えることによって，好ましい行動を増やし，好ましくない行動を減らすこともできます。例えば，自他の心身の健康を損なうような不適応行動をなくし，代わりにより適応的な行動が増えるように，道具的条件づけの技法が応用されています（応用行動分

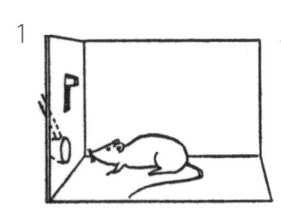

1　レバーの方に近づいたときにえさを出す
2
3　立ち上がったときにえさを出す
4

5　レバーの近くで立ち上がったり動き回ったりすることが多くなる
6
7　たまたまレバーに触れたらえさを出す
8

図8　漸次接近法によるレバー押し反応の形成（関口・近藤, 1987 より引用）

析学）。ヒトの場合にはコイン（自分が好きなものと交換できる代用貨幣）やスタンプ，ほめ言葉（「よくがんばりましたね」など）が強化子として用いられています。

事例3　幼稚園児の孤立行動の修正

5歳のB子さんは幼稚園で，自由遊びの時間に友だちと一緒に遊ぼうとしません。みんながおにごっこやかけっこをしていても，いつもひとりだけ別の遊びをしています。心配した先生が「B子ちゃんも，みんなと一緒に遊びましょう」と，毎日のように声をかけるのですが，B子さんは頭を横に振るだけです。B子さんは他の園児とけんかをしたこともなく，苦手な友だちがいるわけではないようです。

この場合，B子さんがひとりで遊ぶ行動（オペラント行動）は，先生の注目や世話（強化子）によって強化されています。そこで先生はB子さんがひとりで遊んでいるときには声をかけず，B子さんが他の園児のそばいるときには「B子ちゃん，楽しそうね！」などと声をかけるようにしました。しばらくするとB子さんは自分から進んで他の園児のそばへいき，やがて一緒に遊ぶようになりました。ひとりで遊ぶ行動が強化を受けなかったために消去され，代わりに友だちと一緒に遊ぶ行動が強化されたのです。

事例4　摂食障害の治療

19歳の専門学校生C子さんは摂食障害のために52キロあった体重が36キロになってしまい，病院の心療内科に入院して治療を受けています。健康を回復するには十分に栄養を取る必要がありますが，今のC子さんには以前のように自分でちゃんと食事をとることはできません。

そこで主治医は少しずつ段階的に摂食行動を形成することにしました。主治医はまず，病院で出される一日3度の食事（合計1200キロカロリー）を1週間続けて残さずに全部食べる，という基準を設けました。この基準をクリアーすると，C子さんは自分が好きな映画のDVDを一本見ることができます。はじめのうちは食事を全部食べられず，残してしまうこともありましたが，元気になってまた学校に通いたいと願っていたC子さんはがんばってこの基準をクリアーしました。ごほうびとして自分が好きな映画を見られること（強化）もはげみになりました。

次の目的はもっと栄養価の高い食事をとって体力をつけることです。一日3食の食事（合計1600キロカロリー）をすべて食べる行動を1週間続ける，という基準が設けられました。この基準をクリアーすれば，ごほうびとしてC子さんは電話で友達と30分間話をすることができました。決められた量の食事をとれば，自分が好きなことができて，しかも健康のためになるのです。このようにしてその後も段階的に摂取カロリーを増やし，体力を回復できました。体重も元に戻り元気になったC子さんは，2ヶ月後に退院しました。

③ 認知行動療法
❶認知行動療法とは

　認知行動療法とは，「認知」と「行動」に働きかける心理療法です。「**認知**」とは，ものごとの個々人の受け止め方，頭の中のイメージをいいます。だから，同じ出来事を経験しても，人によって認知は異なります。「**行動**」とは，目に見える，観察可能なものをいいます。このような認知面と行動面の関わりを，効果的に組み合わせて行う心理療法を総称して「認知行動療法」といいます。以前は，心理療法といえば，精神分析療法や来談者中心療法が中心でしたが，1980年代以降に，認知行動療法がアメリカで台頭し始め，近年は心理療法の代表として知られるようになりました。

　いわゆる「行動療法」とは，行動（自分が変えたいと思う行動のクセなど）の変容を重視します。いっぽう，「認知療法」とは，認知（自分はいつも失敗するのだ，などといった自分を苦しめる考え方）を変容させることを重視するものです。認知行動療法は，これらをうまく組み合わせたり，使い分けたりする心理療法のことです（図9）。

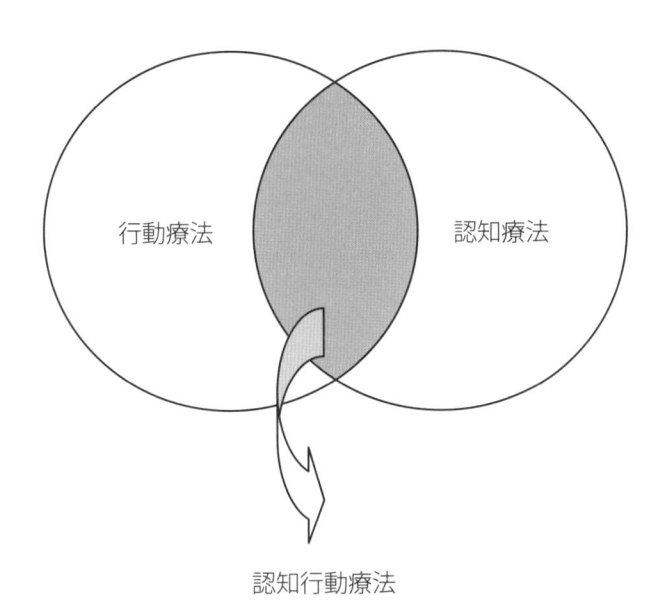

図9　認知行動療法の概念図

❷論理療法

> 人間の感情の混乱は，すべてとは言わないまでも，その多くは自分で生み出すものである。
> 　　　　　　　　　　　　　　　　　　　——アルバート・エリス

　論理療法は認知行動療法の一つで，エリス（Ellis, A.）によって，1955年に確立された心理療法です。論理療法の原題（Rational Emotive Behavior Therapy）を直訳すると，「合理情動行動療法」となり，情動（＝認知）と行動を，合理的（自分をみじめにすることなく，自分を助ける）にするのがねらいとなる心理療法です。

論理療法のモデルは，ABC理論として広く知られています（図10）。

具体例をあげましょう。花子さんは，失恋をしてしまいました（＝**A：出来事**）。花子さんはふさぎこみ，憂うつな気分が続き，友達の電話にも出ず，学校もサボりがちで，人づきあいを避けるようになりました（＝**C：感情の結果，行動**）。一方，太郎君も失

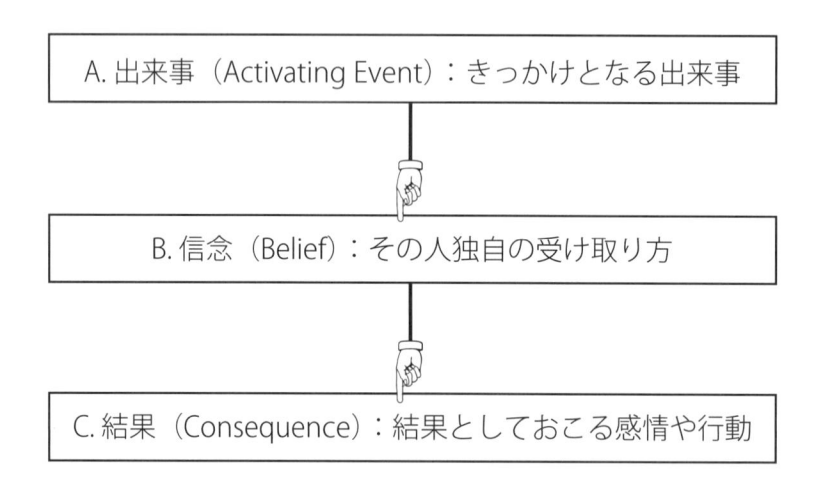

```
A. 出来事（Activating Event）：きっかけとなる出来事
        ↓
B. 信念（Belief）：その人独自の受け取り方
        ↓
C. 結果（Consequence）：結果としておこる感情や行動
```

図10　論理療法のABC理論

失恋をしてしまった。

残念で悲しいけれど，彼女に好かれなくなったからといって女性すべてに嫌われたわけじゃないな。自分もこれから他に好きな人ができるかもしれない。

失恋をしてしまった。

あの人に振られたということは，私は魅力がないのだ。これからは誰からも相手にされないだろう。もう耐えられない。

恋してしまいました。太郎君は悲しみ、残念な気持ちになりましたが、友だちづきあいはそのまま続け、学校にも行き続けることで、いつの間にかその悲しみを忘れ、他の女の子にも目を向けるようになりました（＝C：感情の結果、行動）。同じ出来事を体験しても、結果としておこる感情や行動が違うのは、その人独自の物事の受け取り方（＝B：信念、ビリーフ）である、とエリスは強調しています。

2人のビリーフを見てみましょう。花子さんは失恋して、「私はあの人にふられたということは、私は魅力がないのだ。これからは誰からも相手にされないだろう。もう耐えられない」と、考えました。一方、太郎君はこう考えました。「彼女が自分のことを好きじゃなくなったのは残念だし悲しい。でも、彼女に好かれなくなったからといって女性すべてに嫌われたわけじゃないな。自分もこれから他に好きな人ができるかもしれない」これが太郎君のビリーフです。これらのビリーフをもった結果、花子さんはうつ状態となり、太郎君は悲しみながらも建設的な行動をとることができたのです。

つまり、ビリーフは2種類あります。ビリーフが柔軟で現実的根拠があり、現実と一致している場合を「**ラショナルビリーフ（rational belief）**」といいます。ビリーフが非論理的で独断的であり、現実と一致していない場合を「**イラショナルビリーフ（irrational belief）**」といいます。

❸ 認知療法

認知療法はベック（Beck, A. T.）によって始められた心理療法で、認知（ものの捉え方）に焦点を当てた方法です。認知療法では、人は、出来事そのものではなく、認知を通した人の主観的な考え方が、気持ちや行動に影響を与えるとしています（図11）。したがって、認知療法では、考え方を修正することで、その後の気持ちや身体反応、行動の修正を試みます。

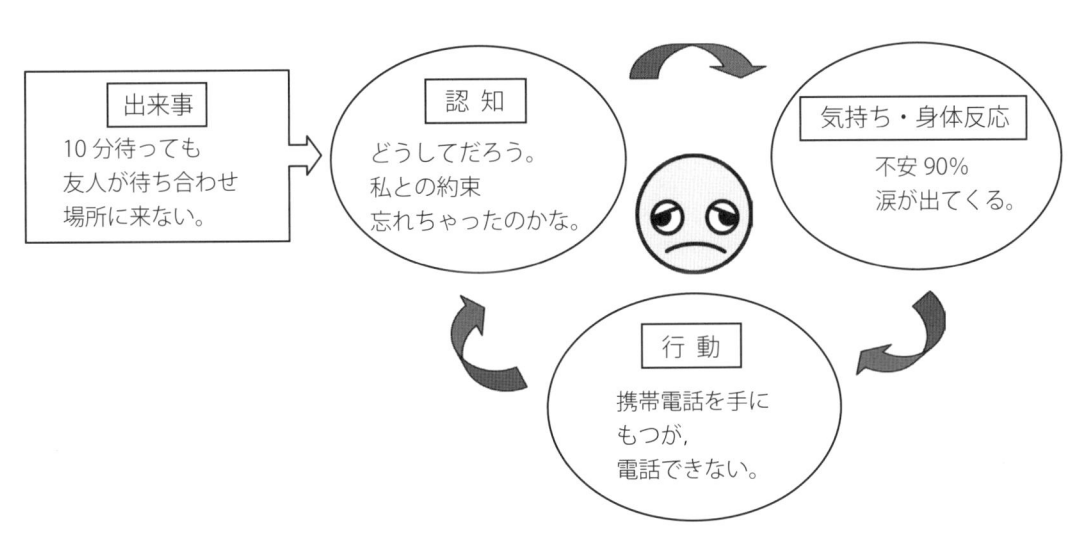

図11　出来事，認知，気持ち・身体反応，行動の循環図

表2 不適応に結びつきやすい否定的認知の例

自動思考	内容	例
決めつける	証拠がないまま思いつきを信じ込むこと	友達の表情が険しいときに、自分のことを嫌だと思っている、と決めつける
「べき」「でなければならない」	「こうすべきだ」「ああしなければならない」と、自分や他人の行動を自分で制限して自分を責めること	目上の人の意見には逆らうべきではないと考え、先生や先輩に自分の意見を言えない
白黒思考	あいまいな状態に耐えられず、物事をすべて白か黒かという極端な考え方で割り切ろうとすること	完璧に仕事ができないと、その仕事は失敗だった、と考えてしまう
いいことの過小評価 悪いことの過大評価	自分が関心のあることは拡大して捉え、反対に自分の考えや予想に合わない部分はことさら小さく見えること	勉強で評価されたことより、ほかの人がデッサンで評価されていることに注目して、自分の評価されたことがどうでもよくなる
極端な一般化	少数の事実を取り上げ、すべてのことがいつも同じ結果になるだろうと結論づけてしまうこと	高校時代、同級生の男の子から2度フラれたので、自分は最後に必ずフラれると考えている
人の心を読む	相手の気持ちを勝手に読んで、勝手に相手がそう思っていると感じてしまうこと	友達とおしゃべりをしていて、相手が腕時計を見た「ああ私と話をしていても面白くないんだな」と決めつけてしまう。

　ベックのいう認知は、表面的に現れる**「自動思考」**という認知と、心のより深層に存在している認知とに分かれており、段階を踏んでいます（次ページ図12）。認知療法は、クライエントの認知のあり方を一緒に捉え、そこに不適応的な認知が、さまざまな不適応行動や感情を呼び起こしていることを心理教育します。心理教育の際には、不適応に結びつきやすい否定的認知の例を紹介することがあります（表2）。

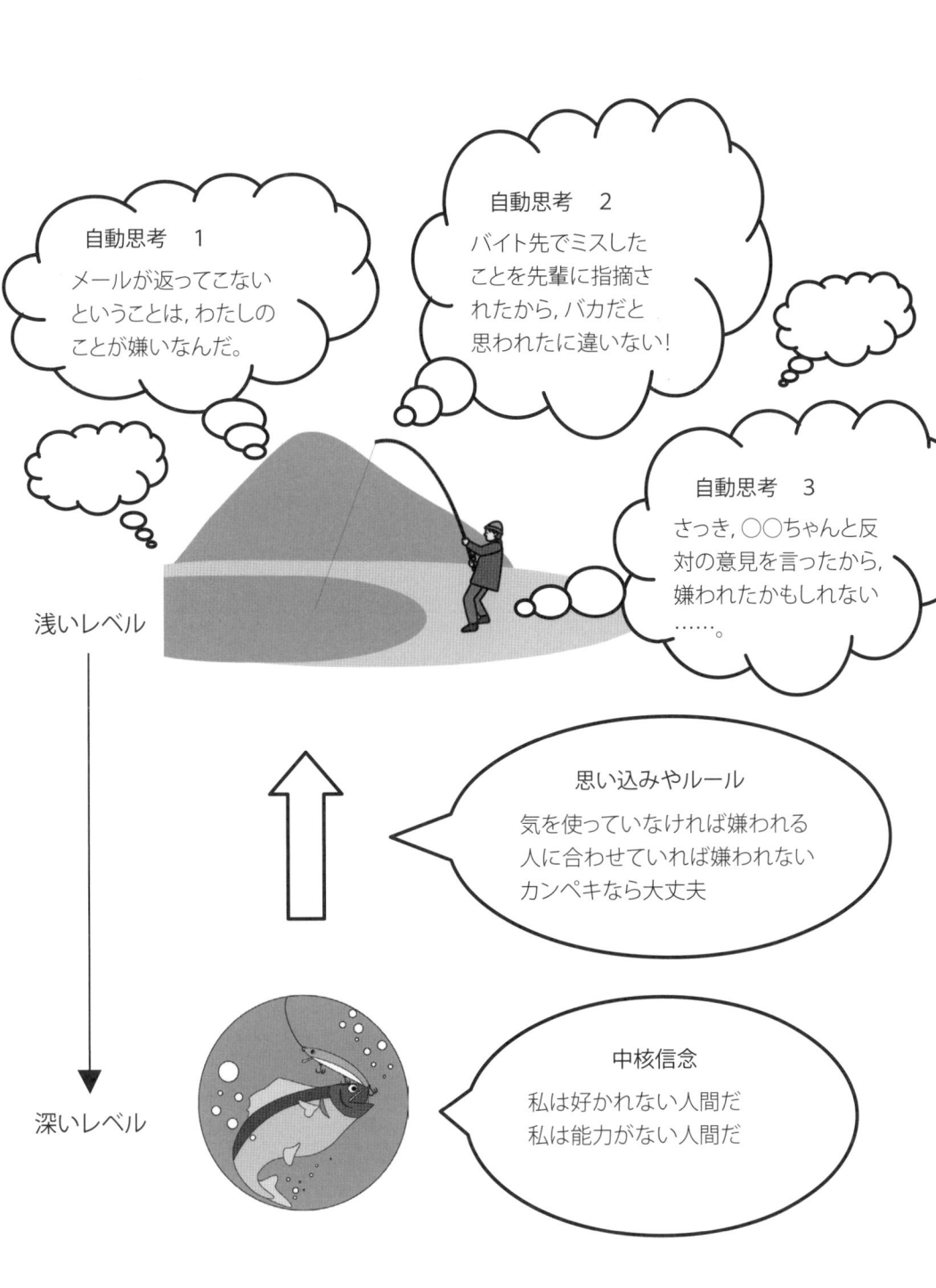

自動思考　1
メールが返ってこないということは、わたしのことが嫌いなんだ。

自動思考　2
バイト先でミスしたことを先輩に指摘されたから、バカだと思われたに違いない！

自動思考　3
さっき、○○ちゃんと反対の意見を言ったから、嫌われたかもしれない……。

浅いレベル

思い込みやルール
気を使っていなければ嫌われる
人に合わせていれば嫌われない
カンペキなら大丈夫

中核信念
私は好かれない人間だ
私は能力がない人間だ

深いレベル

図12　認知の流れ

♥ワーク22　考えの幅を広げてみましょう

　認知行動療法のやり方を使って，自分の自動思考を冷静に捉え直したり，幅広くみる練習をしてみましょう。

否定的な，自分を困らせる自動思考
不安
緊張

現実的な，自分を助ける自動思考
緊張が下がる
不安が下がる

考えの幅を広げることで……

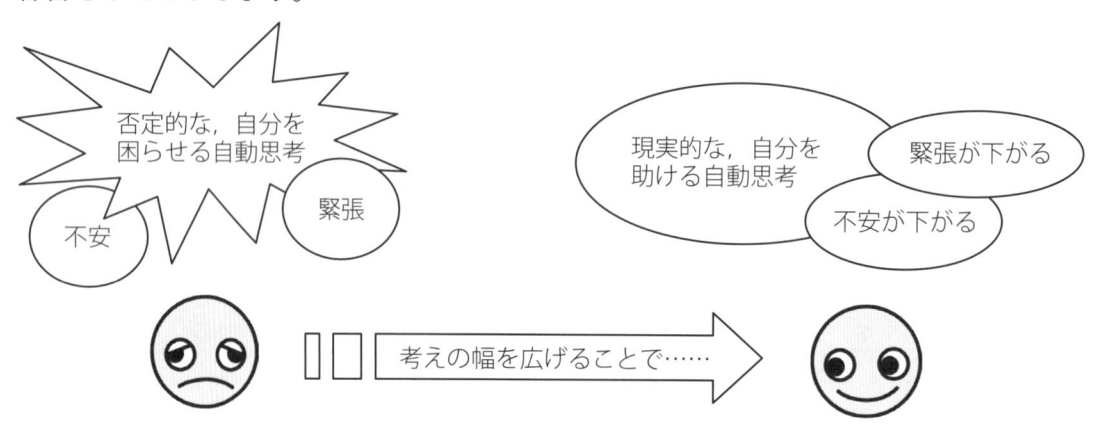

図13　ワークの目的

□考え方の幅を広げる例

〈Aさんの場合〉

Aさんの自動思考
この間はすぐ返事があったので，今回返事が来ないということは，わたしが怒らせてしまったに違いない!!
このまま返事が来なかったら，学校に行っても気まずいし……
どうしよう，もう取り返しがつかない……

出来事
メールの返事が来ない

気もち
落ち込み・孤独感

〈Bさんの場合〉

Bさんの自動思考
この間はすぐ返事があったので，今回返事が来ないということは，怒らせた可能性もあるけど，ただ忘れているだけかもしれない。事実が分からないので，もし一晩待っても返事が来なかったら，明日話してみよう。

出来事
メールの返事が来ない

気もち
少し心配・おちつき

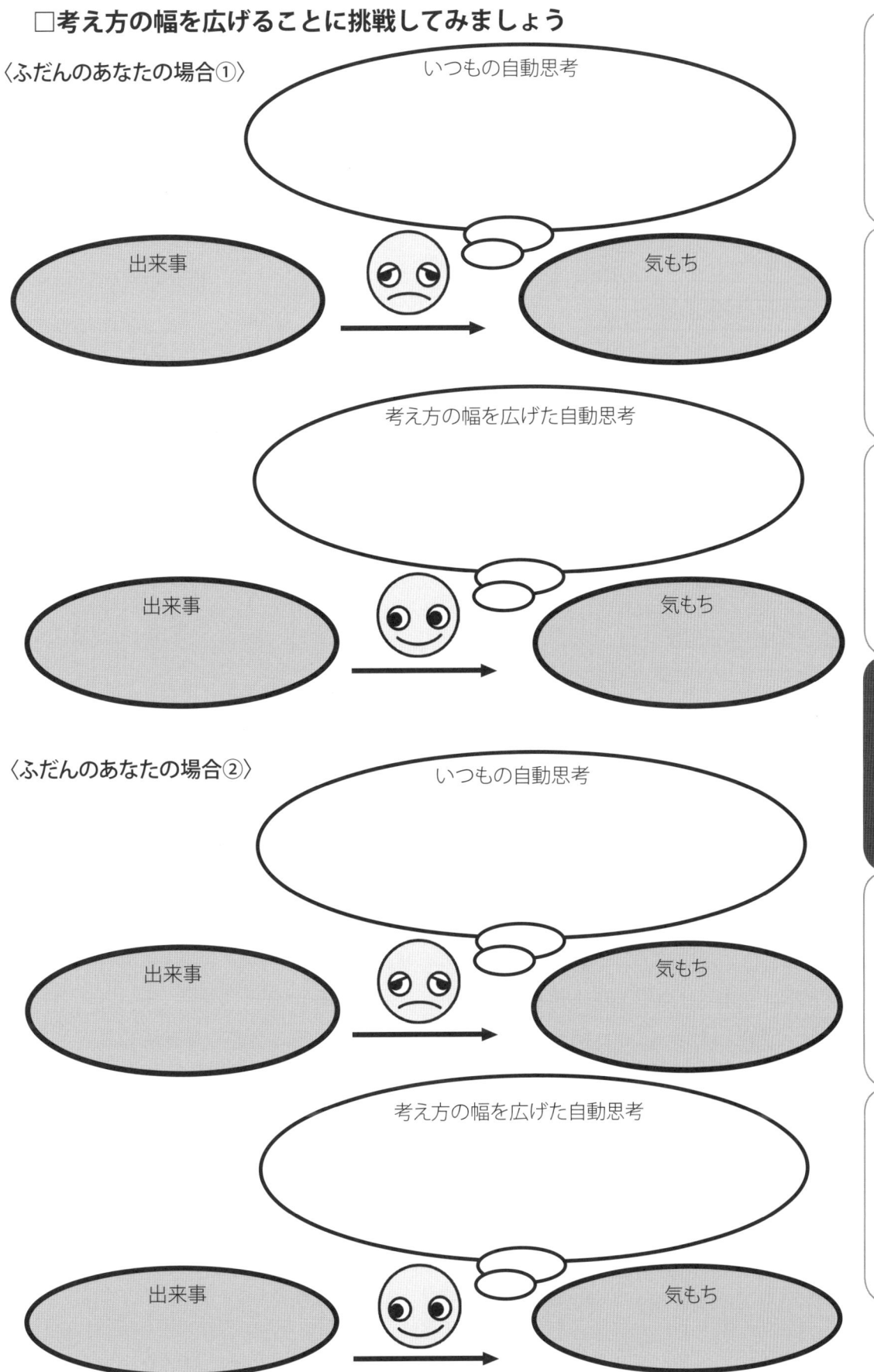

□考え方の幅を広げることに挑戦してみましょう

〈ふだんのあなたの場合①〉

いつもの自動思考

出来事 → 気もち

考え方の幅を広げた自動思考

出来事 → 気もち

〈ふだんのあなたの場合②〉

いつもの自動思考

出来事 → 気もち

考え方の幅を広げた自動思考

出来事 → 気もち

4 ブリーフセラピー

　ここで述べるブリーフセラピーとは，アメリカの精神科医エリクソン（Erickson, M. H.）が行ったもので，治療に関する考え方や技法から発展し，相談者とセラピストができるだけ協力して，効率的な問題解決をめざす心理療法のことをさします。ブリーフセラピーの語源は，1966年 MRI（Mental Research Institute）学派のフィッシュとワツラヴィック（Fisch, R. & Watzlawick, P.）が中心となり，Brief Therapy Center が設立されたことによるとされています。

　ブリーフセラピーの学派はいくつかありますが，ここでは，**解決志向アプローチ**（Solution Focused Approach：以下 SFA）について述べます。

　SFA は，1980年代にアメリカ，ミシガン湖のほとりの街，ミルウォーキーにある BFTC（Brief Family Therapy Center）で提唱され，発展してきた心理療法です。ドゥ・シェイザー（de Shazer, S.）とバーグ（Berg, I. K.）が中心となり開発しました。治療的アプローチの特徴は，問題の原因探しをせず，クライエントがもっている健康な部分，資源（リソース），成功体験などを活用しながら，カウンセラーとクライエントの共同作業で解決のイメージを作り，解決後の状態をめざしていくというものです。

　具体的な技法は以下のようになっています。

❶ 3つの中心哲学

　以下の3つは治療過程のすべてに適応されます。
　①うまくいっているのなら，変えようとするな。
　②もし，一度やってうまくいったなら，またそれをせよ。
　③うまくいかないのなら，違うことをせよ。

❷ 4つの発想の前提

　以下のことを前提にクライエントと関わると，治療に効果的であるといわれている考え方です。
　①変化は絶えず起こっており，そして必然である。
　②小さな変化は，大きな変化を生み出す。
　③「解決」について知るほうが，問題と原因を把握することよりも有用である。
　④クライエントは，彼らの問題解決のためのリソース（資源・資質）をもっている。
　　クライエント自身が，（彼らの）解決のエキスパート（専門家）である。

❸ 5つの治療のステップ

　SFA では，面接を以下の①から⑤の5つのステップの形にして治療モデルを考えています。

①クライエント－セラピストの関係タイプ

　クライエントとセラピストの関係を査定しタイプ分けして，その対応を決定していき

ます。

- ⓐビジタータイプ：「こういうことで困っているんです」「こういうことで相談に来ました」などのニーズや問題を表明しない関係。モチベーションが低く，しぶしぶ，冷やかし半分で訪れたクライエント。
- →セラピストからは問題を提起しない。
- →クライエントの話に乗って，ほめる。
- →特に指示や約束もせず帰す。

- ⓑコンプレナントタイプ：「なんとかしたい」「こういうことで困っている」と表明するが，「問題は自分になく，周りにある」「解決にはまわりが変わってくれないと」などと文句を言い，不平不満が多く，自分には問題がないというクライエント。
- →観察力をほめる。
- →他者や状況の「例外」探しの観察課題を出す。

- ⓒカスタマータイプ：モチヴェーションが高く，やる気があるクライエント。
- →以下に述べる２から５のステップを踏みながら進めていく。

いずれのタイプに対しても「ほめる」「ねぎらう」ということをします。
例：ⓐビジタータイプには，「いやいやながら，よく来ましたね」。
　　ⓑコンプレナントタイプには，「その観察力はすばらしい」。
　　ⓒカスタマータイプには，「いまの状況をどうにかしたいという気持ちはたいしたものです」。

②治療ゴールについての話し合い
何がクライエントにとってゴールであるのかを話し合っていきます。

*良いゴールのための３つの条件
- ⓐ大きなものではなく，小さなもの
- ⓑ抽象的なものではなく，具体的な，行動の形で記載されていること
- ⓒ否定形ではなく，肯定形で語られていること

③解決に向けての有益な質問
ここでの「質問」とは，すでにある解決とこれから起きようとしている解決に焦点を合わせたものです。

ⓐミラクル・クエスチョン
「ちょっと想像してみてください。今晩，あなたが眠りについた間に，奇跡が起こって，

今日ここへご相談に来られた問題が解決したとします。さて，眠っている間に奇跡が起こったことを，あなたにどのようにして知るのでしょう？　今までと何が違っているのでしょう？　何も知らない家族は，そのことをどのように知るのでしょう？」

　治療者はクライエントに，毎日のように繰り返されている問題そのものを少しの間保留してもらいます。そして問題がすっかり存在しなくなったときのことを，クライエント自身が五感を十分活用し，解決した後の一日はどんな様子をしているのか，生き生きとしたイメージがわくような聞き方を工夫しながら，時間をかけて聞いていきます。質問を通して得られたクライエントのイメージによる体験的な過程により，解決像を積み上げていき，解決のためにすべきことを明らかにすることが目的となります。

　ⓑ 例外を見つける質問

　すでに起こっている解決の一部を発見し，展開・発展させていくことが目的となります。例えば

　　① 「この問題が少しでも良いときについて，話してください」
　　② 「一番最近そのことが起こったときの事を話してみてください」
　　③ 「どうやって，それをしたのですか？」
　　④ 「いつもと違う，どんなことをしたのですか？」
　　⑤ 「あなたの家族や周りの人は，いつもと違うどんなことをしたのですか？」

というように進めていきます。

　ⓒ スケーリング・クエスチョン

　「一番良いときを10点として最悪のときを1点としたら，今何点ですか？」
　「その●点で何が変わったの？」
　「今が●点なら，それが●.5点になったらどんなことが違うと思う？」

　ⓓ 治療前からの変化を見つける質問

　「予約のお電話を入れてから今日まで，何か変化がありましたか？」

　相談の予約を入れた時点から多くのクライエントの中に変化が起きています。例えば予約の日までに，カウンセラーにどのように自分の状態を伝えようかと考えている過程で，クライエントは自身の振り返りをしています。

　ⓔ コーピング・クエスチョン

　クライエントをとりまく状況が大変なとき，ポジティブな面を引き出すことが困難だとカウンセラーが感じたときにする質問です。

　　「そんな大変な状況の中でよく投げ出さずにやって来ましたね。どうやって対
　　　処してこられたのか教えてください」。

④解決に焦点を合わせた介入
ⓐコンプリメント（compliment）
　クライエントのうまくいっていることや彼らの努力・意欲などに敬意を表し，労をねぎらうなどポジティブに評価し，確認することです。

ⓑブリッジ（課題への理由づけ）
　コンプリメントと課題とをつなぐ橋渡しのメッセージです。クライエントが納得して解決につながる課題に取り組めるような課題の意味や意義を伝え，クライエントの課題達成の動機づけを高めることを目的とします。

ⓒ観察課題
　「あなたの生活の中で，こういうことがもっと続いてくれたらいいのになあ，こういうことがもっと起こってくれたらいいのになあ，と思われるような出来事をよく観察して，それを次回に報告してください」。
というもので，ゴールが明確でない場合や，矛盾や混乱がある場合，状況があいまいだと治療者が判断した場合に用いることができ，クライエントが例外を見つけることを援助していきます。

ⓓ予想課題
　例外がクライエントから報告されてもそれが偶発的な例外の場合に用いられます。
　例えば「今日は，晴れているから気分が良い」「会社に行ける日がたまにあるけれど，どんなときに行っているのかまったくわからない」などです。
　課題の出し方の例は次のようになります。
●一日の終わりに，次の日が良い日（例外が起こる日）になるのか，普通の日になるのかを予想する。
●翌日は普段どおりに生活して，その日の終わりに一日を振り返って，予想が当たったかどうかをチェックする。
●予想が外れても当たっても，その理由や説明を考える。
●次の日の予想を立てる
ということを繰り返していきます。

ⓔ奇跡が起きたように振る舞うこと（Pretend miracle happened）
　「今度いらっしゃるまでに，都合のよい日を2日選んでください。そしてその日は，まるで奇跡が起こったかのように，問題が解決したかのように振る舞ってください。そうしたら，あなた自身や周りの人たちにどんなことが起こったか，周りの人の反応やあなた自身の内面も含めて観察し，次回報告してください。この課題は，周りの人には内緒で行ってください」。
　この課題は，ミラクル・クエスチョンで具体的で現実的な解決の状況が記述され，ク

ライエントが解決に向かって行動しようという構えがあるときに有効なものです。

　❻ドゥ・モアとドゥ・サムシング・ディファレント（Do more と Do something different）
　＊ドゥ・モア「もっとしてみましょう」：例外やうまくいっていること，クライエントにとって好ましいことなどをもっと繰り返してやるように指示する課題のことです。その例外とは，解決につながり，意図的なものをさします。
　＊ドゥ・サムシング・ディファレント「何か違うことをしましょう」：クライエントにとって何かそれまでとは違ったこと，新しいことをやってみることを課題にします。進展がないときや，例外はあってもゴールに結びついていると感じられないときに使います。

⑤ゴールメンテナンス
　「前回いらしてから，今日までの間，いかがでしたか？」「この間にちょっとでも良くなったことは何ですか？」という質問に対してクライエントがゴールに到達したと感じているならば終了となります。例えば，

　　クライエント：「〜ということが少し，良くなりました」。
　　カウンセラー：「それはすごい！　何をしたら，そうなったのですか？」
　　　　　　　　「それはいいですねぇ。もう少し続けてみましょう」。

というように進めていきます。
　もし，「何も良くなりません」というような場合は，「どうすれば良かったですか？」とゴールについての話し合いに戻り，解決に有効な質問をしたり，課題を出したりと，ゴールは何かという展開を繰り返していきます（「②ゴールについての話し合い」に戻る）。

　このように SFA は，クライエントを尊重し，その力を活用しながらカウンセラーとクライエントが問題解決のために共同作業をしていくことによって，クライエントの小さな変化がさざなみのように広がっていき，さまざまな効果を生み出していくことを目的としています。

⑤交流分析

　交流分析は1950年代に米国の精神医学者バーン（Berne, E.）によって創始された心理学の理論です。交流分析は精神分析を基にしていますが，精神分析が治療者（分析者）によって分析され難解であるのに対し，精神分析の口語版といわれるように易しく理解しやすい理論です。交流分析では自分で自分自身を分析し，また，人とのやりとり（コミュニケーション）を分析していきます。ですから交流分析は，自己分析と対人関係分析の理論といえます。

　交流分析では次のような4つの分析を行います。
- ①**構造分析**　　自我の構造を分析して心の仕組み，心のあり方を分析する。
- ②**交流分析**　　人とのメッセージのやりとりを分析する。
- ③**脚本分析**　　個人の生き方を分析する。
- ④**ゲーム分析**　人とのこじれる人間関係を分析する。

　さらに理論的背景として，心のふれあいについての「ストローク」，ストロークを得るためにどのように過ごすかを考える「時間の構造化」，対人関係における自分と相手に対する認識を見る「基本的構え」などが重要な概念としてあげられます。

　ここでは自己理解と相手理解のための構造分析と交流分析（やりとり分析）を説明します。

❶構造分析

　3つの自我状態　　バーンは自我状態（心のあり方）を大きく3つ，さらにそれを5つに分けて考えています。例をあげてその5つの自我状態を見てみましょう。

　例　職場でスタッフがミスをしたとします。そのときチーフはどのような反応をするでしょうか。
- ①「こんな失敗は不注意だから起こるのよ。もっと気を入れて仕事をするべきでしょう」と声を荒げる。
- ②「誰にでも失敗はあるのだから，気にしないでこれから気をつけなさいね」と優しく諭す。
- ③「どうしてこんな失敗が起こったのか，一緒によく考えてみましょう」と冷静に事態を分析する。
- ④「まいっちゃうなあ，どうするのよ，店長からまたお目玉だわ，どうしよう」と当惑して感情的になる。
- ⑤「あなたには無理なことをやらせたのね。後は何とか私が始末しておくから」と心の中でため息をつく。

　相手との関係や状況などによって，この他にも多くの反応のしかたが考えられますが，私たちはさまざまな状況の中で，その時々に必要とされる態度や反応を自然に取りながら，円滑な人間関係を維持しています。そしてその反応のしかたはそれぞれの人で異

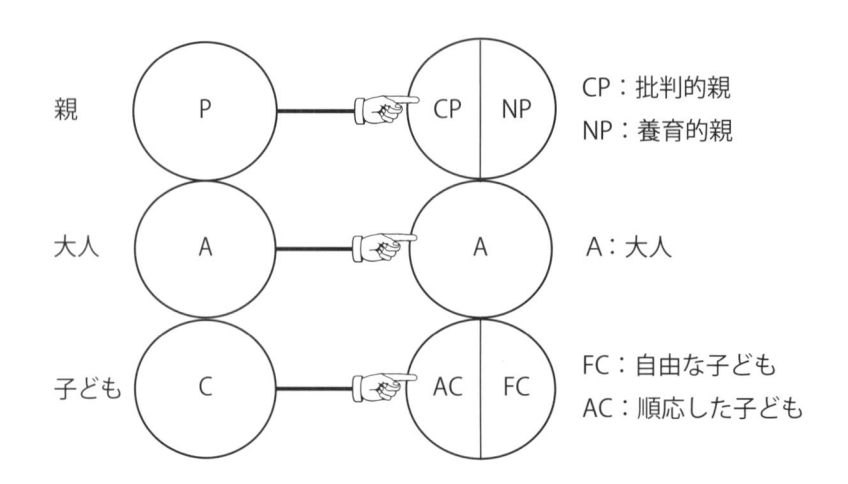

図14 3つの自我状態

なっているものです。

こうした自我状態をバーンは「親（Parent）：P」「大人（Adult）：A」「子ども（Child）：C」の3つに分け，誰もがこの3つの自我状態のいずれかで反応すると考えました。1つは，子どもの頃に親（親的な人）から与えられたメッセージをそのとおりに繰り返す反応，つまり自分の親の反応の踏襲です。2つめは子どもの頃，例えば失敗をして親から叱られたことに対して困惑し，感情的になり，パニックになった様子の再現です。もう1つは，現実に即して，今ここでの適応を図ろうとする成熟した大人としての反応です。そしてさらに，親の自我状態を「批判的な親（Critical Parent：CP）」と「養育的親（Nurturing Parent）：NP」に，また，子どもの自我状態を「自由な子ども（Free Child）：FC」と「順応した子ども（Adapted Child）：AC」の2つに分けています。

上の例では，①が批判的親（CP），②が養育的親（NP），③が大人（A），④が自由な子ども（FC），⑤が順応した子ども（AC）です。

①批判的親 CP（Clitical Parent ; Controlling Parent）

ＣＰの自我状態は批判や非難，叱責，懲罰などが中心となります。自分の考え方や価値観を固持し，社会のルールややり方などを教えたり，批判したりする面です。規則に従う，約束を守るなど，社会で生活していくうえで必要不可欠である人間の良心や道徳，信念と関わっています。ただあまりこの自我状態が強すぎると，厳しすぎて自分も相手をも縛ることになり，煙たがられて敬遠されることにもなり，自分も辛くなります。「～すべき」「～してはならない」「～しなさい」などの言葉に表されます。

②養育的親 NP（Nurturing Parent）

保護的な親の自我状態は思いやりがあり，相手に対しては支持や寛容な態度を示します。批判的な親とは反対に，叱ったり非難したりするのではなく，相手の状態や気持ちを推し測り，優しく励ましたり援助したりします。親切で面倒見の良い，相手を守り育てるような，養育的で保護的な自我状態です。ただしこの自我状態があまり強すぎると，

おせっかいで過保護・過干渉となって相手の自主性や独立性を脅かし，嫌がられたり，反対に過度に依存されて疲労困憊(こんぱい)したりすることにもなります。

③大人 A（Adult）

合理的，理論的に状況を的確に判断する冷静な自我の部分で，さまざまなデータを処理するコンピュータにたとえられます。私たちの理性や知性と深く関連し，感情や偏見などに支配されずに多角的に情報を集め，総合的に判断し結論を下します。問題を効率的かつ正確に処理していくのに重要な態度で，他の自我状態をコントロールするものとして考えられています。このような自我状態はおもに社会的な場面や仕事などで発揮されます。

ただし，この自我状態があまり強すぎると，冷たくて情緒的な交流の乏しい人間に感じられます。相手との情緒的な交流が苦手なため，つきあいが表面的になってしまうことも考えられます。

④自由な子ども FC（Free Child）

自由な子どもの自我状態は，親や環境などの影響を受けず，本能や感情のまま行動し，周囲の思惑や相手の反応などに束縛されない，即時の快楽を求めて，不快なことや苦痛は避けようとします。また，我慢することが無く，自分の感情を自然に表現し喜怒哀楽がはっきり表現されます。自由で創造性に富み，想像力も豊かで積極的な面です。しかしこの状態があまり強すぎると，自己中心的で自分の感情のコントロールができず，相手の感情を傷つけたり，自分勝手でわがままになったりしてしまいます。

⑤順応した子ども AC（Adapted Child）

順応した子どもは，親に言われて妥協したり素直に従うような態度で，本来の自分の感情を抑えてしまっています。表面上は上手に合わせているため，親や周囲の人から素直ないわゆる「いい子」と見られる場合が多いものです。

しかし自分の本当の感情を抑えてしまいますから，表面的に相手とトラブルを起こすことは無くても自分の中にストレスが溜まりやすく，どこかでこんなはずではないという思いがしていて，自分らしく生きていない気がするものです。また，無理をしていますから，ひねくれていたり反抗的だったりすることもあります。適度な AC は円滑な人間関係を保つうえで必要でもありますが，強すぎる場合は不自然で無理なため，どこかで感情を一気に表出したり，身体疾患や精神疾患を発症させたりすることにもなり，特に心身症の発症の原因にもなります。

以上の5つの自我状態は1人の中に等しく存在し，それぞれの自我状態のバランスにより，その人のパーソナリティが形作られています。

構造分析では，自分の自我構造において偏っている部分は無いか，一番優位なのはどの自我状態か，偏りによって対人関係に問題を起こしていないか，自分で不適応感を感

じていないかなどを検討します。

それぞれの自我状態をチェックしてその構造とエネルギーの量をグラフにしたものが，Chapter 5-1で施行するエゴグラムです。これによって自分の自我状態を確認しましょう。もし偏りがあって不適応感を感じている場合は，それぞれの自我状態のバランスを取るように変化させることが必要になります。

ただし，高いところはこれまで培ってきた自分の個性なのでなかなか変化させられないものです。低い部分を伸ばせば，相対的に高い部分が抑えられると考えられています。低い部分を高めるように心がけてみましょう。各自我状態は言語的なものだけでなく，表情や態度や行動のしかた，声のトーンなどにも表れます。

❷交流分析（やりとり分析）

交流とは2人以上の間に交わされる言語的，非言語的なメッセージの交換を意味します。言葉，表情，態度，声のトーン，沈黙など，私たちはいろいろな伝達方法を意識的あるいは無意識的に選択しながら相手との交流を行っています。構造分析で5つの自我状態があることを述べましたが，他者との交流においても，各々どこかの自我状態で相手の自我状態に対して反応しています。

交流パターンには①**相補的（平行的）交流**と，②**交叉的交流**，さらに③**裏面的交流**の3つのパターンがあります。

①相補的（平行的）交流

ある自我状態から相手の自我状態に向けてメッセージを送って，予想したとおりにその自我状態からメッセージが返ってくるような場合が相補的交流です。期待したとおりの反応が得られるわけですから，コミュニケーションはスムーズに行われます。

例　A→A　どんな髪型にしますか。
　　A→A　今流行のショートにしてください。

　　P→P　美容師の仕事は体力がなければなりません。
　　P→P　本当に疲れたなんて口にすべきではないですね。

　　C→A　この髪型まとまらなくて困っているの，何とかしてください。
　　A→C　わかりました。なんとかしてみましょう。

　　C→P　疲れちゃって休みたいわ。
　　P→C　大変そうでしたね，ゆっくり休んだ方がよいですよ。

②交叉的交流

相手のある自我状態へメッセージを向けたが，相手の反応がこちらの予想に反している

場合，円滑なコミュニケーションは妨げられてしまいます。

例　C → C　仕事が終わったら飲みに行きましょうよ。
　　A → A　明日の仕事に差し支えるから今日は早く帰りましょう。

　　A → A　先輩，もうお昼にしましょうか。
　　P → C　まだ仕事がこんなにたまっているのに，先に仕事を片付けるべきでしょ。

　　C → P　これできないからやって。
　　P → A　できるはずだから自分でやってご覧なさい。

③裏面的交流

裏面的交流では，相手に対して2つのメッセージが向けられます。1つは表面的，社交的なメッセージでAからAが多く，もう1つは隠れたあるいは心理的なメッセージで，PからCあるいはCからPが中心となります。社会生活をスムーズに進めるためには裏面的交流も多少は必要ですが，過度になるとお互いの不信感を強め，ストレスを生じさせます。また，人間関係をこじらせるようなやりとりにはこの裏面交流が用いられることが多いものです。できるだけ気持ちや感情をストレートに表現する相補的交流が望ましいといえるでしょう。

例　A → A　さっき頼んだ仕事やってくれた？
　　P → C　（どうしてさっさとやらないのかしら。）
　　A → A　これからするところです。
　　P → C　（自分でやれば良いのに。）

　　A → A　すてきな服ですね，よく似合いますよ。
　　A → A　安物ですよ。
　　C → C　（すてきでしょ？　うらやましい？）

　　A → A　これはちょっとお高いんですよ。
　　P → C　（あなたには買うのは無理でしょうね。）

　以上のように交流のしかたにはいろいろあり，場合によってはどれも必要なこともあります。相補的交流が続いている場合でも，その交流が望ましくない場合，例えば，いじめっ子といじめられっ子のようなやりとりで，CPからAC，ACからCPのやりとりが続いている場合などは，交叉的交流によってその関係を遮断することも必要でしょう。
　ただ，一般的には交叉的交流や裏面的交流はスムーズなコミュニケーションを妨げたり，人間関係をこじらせたりすることになるものです。できるだけ相補的交流ができる

ように心がけるとよいでしょう。自分と相手との交流のしかたを考えて，スムーズなコミュニケーションが図れるように心がけましょう。

さらに勉強したい人のために──Chapter ④ 参考文献

内山喜久雄　1988　行動療法　日本文化科学社
カーウェン, B., ラデル, P., & パーマー, S.（下山晴彦訳）2004　認知行動療法入門─短期療法の観点から　臨床心理学レクチャー　金剛出版
国分康孝　1980　カウンセリングの理論　誠信書房
シュタイナー, G.（塚野州一，牧野美知子，若井邦夫訳）2005　新しい学習心理学─その臨床的応用　北大路書房
スチュアート, I., & ジョインズ, V.（深沢道子監訳）1991　TA TODAY　最新交流分析入門　実務教育出版
ドライデン, W., & デジサッピ, R.（菅沼憲治訳）1997　実践論理療法入門─カウンセリングを学ぶ人のために　岩崎学術出版社
中村和子，杉田峰康　1984　わかりやすい交流分析　チーム医療
平木典子　2004　新版カウンセリングの話　朝日新聞社
山上敏子（編）　2001　特別企画「行動療法」　こころの科学99号　日本評論社

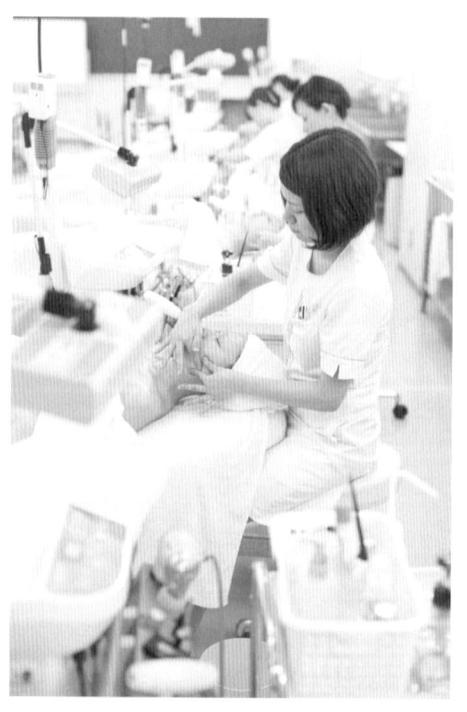

エステティックの実習

Chapter 5　自己理解と対人関係スキル

　これまでカウンセリングの基本的な考え方や技法について学んできましたが，カウンセリングを行うためには，実はまずカウンセラー自身が自分をよく理解していることがとても大切です。というのは，他者を理解したり，その相談にのったりするためには，まず自分自身を客観的にみる目をもっていなくてはならないからです。この章では，自分自身のあり方や他者との対人関係のあり方について振り返ってみることにしましょう。

1 自己理解のために

① エゴグラム

　エゴグラムは，第4章第2節で述べたエリック・バーンの「交流分析」の理論にのっとって，デュセイが考案した自己分析法の一つです。批判的親，養育的親，大人，自由な子ども，順応した子どもの5つの自我状態の各々の量と精神的エネルギー量をグラフで把握できるようにしたものです。本来は直感で判断した各自我状態を棒グラフに書くものでしたが，現在，わが国ではチェックリストによるテスト形式のものが開発されており，結果も棒グラフだけではなく折れ線グラフで示してそのプロフィールの型によって特徴を知ろうとするものもあります。わが国で初期に開発されたエゴグラムやエゴチェックリスト（ECL），OKグラムのついたTAOK，東大式のTEG，自己成長エゴグラム（SGE），中村・松岡によって作成されたPEG（プロジェクティブ・エゴグラム）などいろいろな面から作成されています。ここではエゴグラム（石川・岩井らによる）の質問項目を載せておきます。

♡エゴグラム

以下の質問に，はい（○）　どちらともつかない（△）　いいえ（×）のようにお答えください。ただし，できるだけ○か×で答えるようにしてください。

CP	1	人の言葉をさえぎって，自分の考えを述べることがありますか		合計（　）点
	2	他人をきびしく批判する方ですか		
	3	待ち合わせ時間を厳守しますか		
	4	理想を持って，その実現に努力しますか		
	5	社会の規則，倫理，道徳などを重視しますか		
	6	責任感を強く人に要求しますか		
	7	小さな不正でも，うやむやにしない方ですか		
	8	子供や部下をきびしく教育しますか		
	9	権利を主張する前に義務を果たしますか		
	10	「……すべきである」「……ねばならない」という言い方をよくしますか		

NP	1	他人に対して思いやりの気持ちが強い方ですか		合計（　）点
	2	義理と人情を重視しますか		
	3	相手の長所によく気がつく方ですか		
	4	他人から頼まれたらイヤと言えない方ですか		
	5	子供や他人の世話をするのが好きですか		
	6	融通がきく方ですか		
	7	子供や部下の失敗に寛大ですか		
	8	相手の話に耳を傾け，共感する方ですか		
	9	料理，洗濯，掃除など好きな方ですか		
	10	社会奉仕的な仕事に参加することが好きですか		

A	1	自分の損得を考えて行動する方ですか	
	2	会話で感情的になることは少ないですか	
	3	物事を分析的によく考えてから決めますか	
	4	他人の意見は，賛否両論を聞き，参考にしますか	
	5	何事も事実に基づいて判断しますか	
	6	情緒的というよりむしろ理論的な方ですか	
	7	物事の判断を苦労せず，すばやくできますか	
	8	能率的にテキパキと仕事を片づけていく方ですか	
	9	先（将来）のことを冷静に予測して行動しますか	
	10	身体の調子の悪い時は，自重して無理を避けますか	

合計（　）点

FC	1	自分をわがままだと思いますか	
	2	好奇心が強い方ですか	
	3	娯楽，食べ物など満足するまで求めますか	
	4	言いたいことを遠慮なく言ってしまう方ですか	
	5	欲しいものは，手に入れないと気がすまない方ですか	
	6	"わあ""すごい""へえ〜"など感嘆詞をよく使いますか	
	7	直観で判断する方ですか	
	8	興にのると度をこし，はめをはずしてしまいますか	
	9	怒りっぽい方ですか	
	10	涙もろい方ですか	

合計（　）点

AC	1	思っていることを口に出せない性質ですか	
	2	人から気に入られたいと思いますか	
	3	遠慮がちで消極的な方ですか	
	4	自分の考えをとおすより妥協することが多いですか	
	5	他人の顔色や，言うことが気にかかりますか	
	6	つらい時には，我慢してしまう方ですか	
	7	他人の期待にそうような過剰な努力をしますか	
	8	自分の感情を抑えてしまう方ですか	
	9	劣等感が強い方ですか	
	10	現在「自分らしい自分」「本当の自分」から離れているように思えますか	

合計（　）点

♡結果の整理と解説

○を2点，△を1点，×を0点として，それぞれの項目ごとに合計点を出し，下のグラフに折れ線グラフを書いて下さい。

	CP	NP	A	FC	AC
20					
18					
16					
14					
12					
10					
8					
6					
4					
2					
0					

結果の見方として，まず5つの自我状態，①批判的親（Critical Parent：CP），②養育的親（Nurturing Parent：NP），大人（Adult：A），④自由な子ども（Free Child：FC），⑤順応した子ども（Adapted Child：AC）のそれぞれについて，エゴグラムの得点と前章の解説を参考にして，自分のどの自我状態が優位であるかを考えてみます。

各自我状態とも10点を平均とし，だいたいの目安として，14点以上を「高い」，6点以下を「低い」と考えてください。

①あなたの得点の高いところは？　＿＿＿＿＿＿＿＿＿＿
②あなたの得点の低いところは？　＿＿＿＿＿＿＿＿＿＿

各自我状態の特徴で自分に当てはまるものがあったでしょうか。それぞれの自我状態はどれが良いとか悪いといったことはありません。どの自我状態もありすぎてもなさすぎても問題になります。どれも適度に存在し，立場や状況によって柔軟に発揮できると適応的に生活することができます。また，それぞれの自我状態にあまり差が無いほうが

社会適応するのに楽です。

　次にプロフィールのパターンで特徴的なものをあげてみます。

❶N型（CPが低く，NPが高く，AとFCが低くACが高い）

　自分に自信がなく，ものごとに客観的，論理的な対処ができず，自分の感情を抑えて回りに合わせすぎるためにストレスが溜まりやすいタイプです。

❷V型（CPが高くAとFCが低くACが高い）

　人を信頼できず，頑固で攻撃的な反面，周囲の評価を気にして，感情を抑えすぎます。そのため論理的な対応ができなくなり，N型同様ストレスが溜まりやすいタイプです。

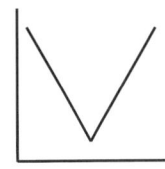

❸右上がり型（CPとNPが低くFCとACが高い）

　子どもっぽく自己中心的な人ですが，反面，自己顕示役が強く，人からの良い評価を望むため目立ちすぎ，人間関係でのトラブルを起こしやすく，そのためストレスを生じさせます。

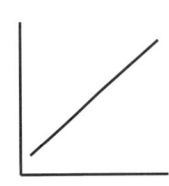

❹右下がり型（CPとNPが高く，FCとACが低い）

　人にも自分にも厳しく批判的な反面，頼られれば人の面倒も見ます。自分だけが正しいと思い込んでいるので，人には煙たがられ，本当に親密な対人関係は結びにくいタイプです。

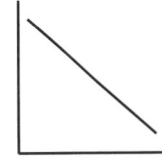

❺逆N型（CPとFCが高く，NPとACが低い）

　自分だけが正しいと思い込み，独善的で人を支配しようとします。自分勝手で本質的に人を信頼していないので周りからも余り信頼されません。

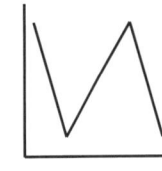

❻極端なへの字型（NPが極端に高くAやFCやACが極端に低い）

　受容的で面倒見は良いが，おせっかいで小うるさい感じのタイプです。自己犠牲的で，自己満足に陥りやすいのでかえって周囲を疲れさせ，こんなはずじゃないと自分もストレスが溜まるタイプです。

❼なだらかなへの字型

　全体になだらかで各自我状態に大きな差がない場合は，ある程度の自制力もあり親切で論理性もあり，自己をのびのびと表現することもできます。自分を無理に抑えすぎない程度には人にも合わせられる協調性もあり，適応しやすい理想的なタイプといわれています。

❽**鋭角山型**（CP と NP，FC と AC が共に低く，A のみ極端に高い）
　冷静で合理的な対処をしますが，自分の感情にも人の感情にも左右されないので冷たい印象を与え，また打算的で面白みや暖かさを感じさせないので，親密な人間関係が結びにくいタイプです。

❾**なだらかな丘型**（A が一番高いが，AC 以外はそこそこにある。やや左下がり）
　自律性や受容性があり，自分らしくのびのびとした面と相手に合わせる面もあり，全体を論理的，総合的に判断できます。社会性が高く仕事面での適応がしやすいタイプです。

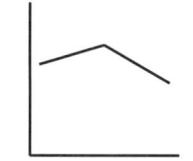

❿**M 型**（CP と AC が低く，A は余り高くはないが低くもなく，NP と FC が高い）
　それぞれの値が極端でなく CP もそれほど低くなければ，思いやりもあり共感性も高く柔軟であり，適度な客観性と協調性もあって，女性としては適応しやすいタイプです。

⓫**W 型**（A は普通で CP と AC が高く NP と FC が低い）
　自分の感情や体の要求を無視して頑張るタイプ。事務能力や処理能力があるため，かなりのところまでやり通しますがストレスが溜まりやすい。本質的に自信がないことが多く，仕事に追われていないと不安で落ち着かないタイプです。

⓬**谷底型**（CP と AC が非常に高く，NP，A，FC が共に低い）
　批判力はありますが，他に対する思いやりに欠け，反面自信がなく他律的，受身的で，いわゆる自分がない人です。反抗的でのびのびとした面がなく，物事を全体的に観察して，統合的に捉え判断することができません。情動が鬱積してストレスが溜まるタイプです。

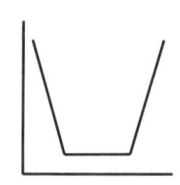

　以上が典型的なプロフィールパターンですが，注意しなければならないのは，同じ型でも，それぞれの自我状態が少しの差であればまったく問題はありません。各自我状態の差が大きい場合が問題になります。それぞれの型と自分のエゴグラムの型を比べて判断してみましょう。

②自己評価

　第4章1節でも少しふれましたが，私たちがさまざまな社会経験を通して，自分について認識している内容全体を「自己概念」と呼びます。またそれは，私たちが自分自身について意識している内容であるという意味で「自己意識」と呼ばれることもあります。

　自分について理解するための第一歩として，ここでは，「自分で自分のことをどう思っているのか」を考えてみましょう。方法としては，主に自由記述による方法と，質問に答える形式のものとがあります。

♡ 20答法（Twenty Statements Test ／ Who am I Test）

「私は，」の後に自由に思いつくまま文章をつなぎ，20の文章を完成させてください。あまり考え込まず，頭に浮かんできた順に，そのまま記入してください。

1. 私は，
2. 私は，
3. 私は，
4. 私は，
5. 私は，
6. 私は，
7. 私は，
8. 私は，
9. 私は，
10. 私は，
11. 私は，
12. 私は，
13. 私は，
14. 私は，
15. 私は，
16. 私は，
17. 私は，
18. 私は，
19. 私は，
20. 私は，

♡結果の整理と解説

いかがでしたか？ 自分のことでも，20問も同じ書き出しで続けるのは，案外難しいと感じた人もいるかもしれませんね。

この方法は，文章完成法（SCT）と呼ばれる心理テストの一種で，クーン（Kuhn, M. H.）他が1954年に開発した，20答法（Twenty Statements Test, TST）というものです。「Who am I ?（私は誰？）」という問いに20回答える形になるので，「Who am I Test」と呼ばれることもあります。

結果の整理と解釈のしかたにはこれといった決まりはありませんが，ここでは川瀬他（1997）に従って，次のような手順で分析してみましょう。

❶結果の整理

①回答した記述数　　　　　　　　　　　　　　　　　　　　　　＿＿＿＿＿個

②記述内容について
　1 外面的・表面的記述　　　　　　　　　　　　　　　　　　　＿＿＿＿＿個
　　（年齢・性別・身体的特徴・職業・居住地・家族構成・履歴など）
　2 内面的・心理的記述　　　　　　　　　　　　　　　　　　　＿＿＿＿＿個
　　（性格・対人関係・生活態度・自己評価・趣味・嗜好・願望・悩みなど）

③感情について
　1 中性的感情（客観的事実のみ）の記述　　　　　　　　　　　＿＿＿＿＿個
　2 肯定的感情の記述　　　　　　　　　　　　　　　　　　　　＿＿＿＿＿個
　3 否定的感情の記述　　　　　　　　　　　　　　　　　　　　＿＿＿＿＿個
　4 両価的感情（肯定と否定の両方の感情）の記述　　　　　　　＿＿＿＿＿個

❷解　説

①記述数について

山田（1989）によれば，記述数の平均は，小学校高学年が19個，中学生が14個，高校生が17個，大学生が12個となっています。この結果では大学生の記述数が少ないようですが，五十嵐他（2000）が美容専門学校生を対象として行った研究では，記述数の平均は男女とも16個となっていますので，思春期・青年期においては，年齢による差はないとみてよいでしょう。

記述数は多ければよいというものではありませんが，日頃から自分自身について振り返ったり，考えたりする機会があるかどうか，また自分を開示する姿勢をもっているかどうかが反映されるといえるでしょう。記述数が少ない（およそ10個未満）場合には，自分について考える機会が少ない，あるいは自分を開示することについて防衛的になっている可能性が考えられます。

②記述内容について

記述内容は，外面的・表面的特徴についての記述と，内面的・心理的特徴についての記述に大別されます。山田（1989）の研究によって，小学生では外面的・表面的記述が多いのに対し，青年期（大学生）にかけて，年齢とともに内面的・心理的記述が多くなることが報告されています。

ただし成人でも，最初の数問に外面的特徴について記述するのはごく普通のことです。なぜなら，まず自己の外面的・社会的な部分を意識し，その後に内面的・心理的な部分にはいっていくのが一般的だからです。

しかし，最初から最後まで外面的記述だけで終わっている場合には，記述数が少ない場合と同様に，自己の内面をみつめることや自分を開示することに対して防衛的になっている可能性があります。

③感情について

中性的感情（事実）の記述が多い場合は，自分の感情を自覚していなかったり，それを表明することについて防衛的になったりしている可能性があります。また肯定的感情の記述が多い場合は，自分に対して肯定的で自己評価が高く，考え方が前向きな人であると考えられます。これに対して，否定的感情の記述が多い場合には，自分に対して否定的で自己評価が低く，劣等感をもちやすい傾向があると考えられます。一方，両価的感情の記述が多い場合には，自分についてあれこれ迷ったり，悩んだりしている可能性が高いといえるでしょう。

さて，この20答法によって，どのような自分に気づいたでしょうか。また，それはどんな点からでしょうか。簡単にまとめておきましょう。

♡自己肯定意識尺度

以下に41個の質問項目があります。それぞれの文章をよく読んで，それが現在の自分にとってどのくらいあてはまるかを考え，最も適していると思われるところに○印をつけてください。やり残しのないように，41個すべてについてお答えください。

	あてはまる	どちらかといえばあてはまる	どちらともいえない	どちらかといえばあてはまらない	あてはまらない

1. 自分なりの個性を大切にしている。
2. 私には私なりの人生があってもいいと思う。
3. 自分の良いところも悪いところもありのままに認めることができる。
4. 自分の個性を素直に受け入れている。
5. 自分の夢をかなえようと意欲に燃えている。
6. 情熱をもって何かに取り組んでいる。
7. 前向きの姿勢で物事に取り組んでいる。
8. 自分の良い面を一生懸命伸ばそうとしている。
9. 張り合いがあり，やる気が出ている。
10. 本当に自分のやりたいことが何なのか分からない。*
11. 自分には目標というものがない。*
12. 生活がすごく楽しいと感じる。
13. わだかまりがなく，スカッとしている。
14. 充実感を感じる。
15. 精神的に楽な気分である。
16. 自分の好きなことがやれていると思える。
17. 自分はのびのびと生きていると感じる。
18. 満足感がもてない。*
19. こころから楽しいと思える日がない。*
20. 他者との間に壁をつくっている。
21. 人間関係をわずらわしいと感じる。
22. 自分は他人に対してこころを閉ざしているような気がする。
23. 自分はひとりぼっちだと感じる。
24. 私は人を信用していない。
25. 友だちと一緒にいてもどこかさびしく悲しい。
26. 友人と話していても全然通じないので絶望している。
27. 他人に対して好意的になれない。

	あてはまる	どちらかといえばあてはまる	どちらともいえない	どちらかといえばあてはまらない	あてはまらない

28 相手に気を配りながらも自分の言いたいことを言うことができる。
29 自分の納得のいくまで相手と話し合うようにしている。
30 疑問だと感じたらそれらを堂々と言える。
31 友だちと真剣に話し合う。
32 人前でもこだわりなく自由に感じたままを言うことができる。
33 人前でもありのままの自分を出せる。
34 自主的に友人に話しかけていく。
35 人から何か言われないか，変な目で見られないかと気にしている。
36 人に対して，自分のイメージを悪くしないかと恐れている。
37 自分が他人の目にどう映るかを意識すると身動きできなくなる。
38 他人に自分の良いイメージだけを印象づけようとしている。
39 無理して人に合わせようときゅうくつな思いをしている。
40 自分は他人よりおとっているかすぐれているかを気にしている。
41 人に気をつかいすぎてつかれる。

♡結果の整理と解説

　このテストは，「自己肯定意識尺度」と呼ばれ，平石（1990）によって作成されたものです。平石は青年期（中学生から大学生）の自己意識の発達を，自己肯定性次元と自己安定性次元の2つの次元から検討していますが，本尺度は，このうちの自己肯定性次元について測定するものです。

　この自己肯定意識尺度は，「対自己領域」と「対他者領域」に大きく二分され，それぞれが次のような3つの下位成分から成っています。各下位成分と該当する項目番号は表3のとおりです。

　採点方法としては，41項目それぞれについて，「あてはまる」「どちらかといえばあてはまる」「どちらともいえない」「どちらかといえばあてはまらない」「あてはまらない」の順に，5点，4点，3点，2点，1点として，下位成分ごとに合計点を算出し，表3に記入してください。この際，＊のついている項目（項目10，11，18，19）は逆転項

表3　自己肯定意識尺度の領域・下位成分と項目番号

領域	下位成分	項目番号	あなたの得点
対自己領域	自己受容	1～4	
	自己実現的態度	5～11	
	充実感	12～19	
対他者領域	自己閉鎖性・人間不信	20～27	
	自己表明・対人的積極性	28～34	
	被評価意識・対人緊張	35～41	

目ですので，反対に「あてはまる」を1点，「あてはまらない」を5点としてください。

　参考までに，平石（1993）が大学生に対して調査した結果の平均値と標準偏差を表4に示しておきます。自分の得点と比較することによって，あなたの自己意識の特徴を知ることができます。目安として，平均値±標準偏差の範囲内であれば，ほぼ平均的と考えてよいでしょう。

表4　自己肯定性尺度得点の平均値と標準偏差

領域	下位成分	男子	女子	全体
対自己領域	自己受容	16.07（2.98）	16.44（2.48）	16.25（2.75）
	自己実現的態度	21.76（6.40）	23.34（5.64）	22.52（6.09）
	充実感	23.98（7.14）	26.90（6.11）	25.38（6.82）
対他者領域	自己閉鎖性・人間不信	19.01（6.73）	16.84（5.73）	17.97（6.35）
	自己表明・対人的積極性	22.32（5.55）	24.25（5.28）	23.25（5.50）
	被評価意識・対人緊張	21.75（5.92）	19.34（6.25）	20.60（6.19）

　質問紙法によって測定された自己意識は，どんなものでしたか。以下にまとめておきましょう。

2 対人関係スキル

①社会的スキル

社会的スキルとは「対人関係を保つために役に立つ技術」のことです。私たちは生まれてからさまざまな対人関係の中で生きています。親子，きょうだい，友だち，先生と生徒，などが対人関係の例です。「社会的」とはこのような対人関係に関わること，という意味です。また「スキル」とは「技術」を意味する英語ですが，ここでは「やり方」をさすと考えてください。例えばある人と友だちになりたいと思ったらどのようにしたらよいでしょうか。適当な時間，場所，言葉を選んで自分の思いを相手に伝えなければなりません。ときにはプレゼントを用意することもあるでしょう。つまり友だちという対人関係を作る場合には，それなりのやり方＝技術が必要なのです。相川（1995）は一般成人に必要な社会的スキルとして表5のような例をあげています。もちろんこの例の他にもさまざまな社会的スキルがあると考えられます。

社会的スキルが不足するとさまざまな対人的不適応が生じます。対人的不適応とは何らかの症状のために他の人との関係が妨げられることをさします。相川（2000a）によれば対人的不適応には次のようなものがあります。

❶シャイネス

シャイネスとは人前では緊張したり気後れしたりするために，いつもの通りふるまうことができなくなることです。シャイネスは社会的スキルの実行を妨げます。シャイな人は人前で緊張すると「自分はダメなんだ」という考えがわいてきて自己評価を下げま

表5 一般成人に必要な社会的スキル（相川，1995）

自分自身をあらわにするスキル	ボディ・メッセージを使う，タッチ・メッセージを使う，など
報酬を与える聞き手になるスキル	自分と相手の違いを知る，尊敬と受容の態度を身につける，など
話し手を助けるように反応するスキル	語句を言いかえる，感情を反射する，など
内気に打ち克つスキル	恥ずかしいという思いと戦う，最初の出会いを作る，など
人間関係を選択するスキル	非現実的な選択をしていることを知る，もっと現実的な選択をする，など
人間関係を深めるスキル	親密な絆を作る，気配りで絆を作る，など
人間関係における主張性スキル	主張的に考える，主張的に行動する，など
怒りを管理するスキル	思考スキルを使う，行動スキルを使う，など
争いを避けて管理するスキル	思考スキルを使う，行動スキルを使う，など

す。ところがまわりの人からみるとシャイネスが高い人も低い人も「個人的親しみやすさ」，「社会的望ましさ」に違いはないと言われています。シャイな人は他の人に対するふるまいがぎこちないことを気にします。ところがそのぎこちなさは他人からみれば気づかないくらいのささいなものなのです。

❷孤独感

自分がこうありたいと願っている対人関係と実際の対人関係とのズレが大きいと人は孤独感を感じます。社会的スキルが不足した人は自分が思うとおりに対人関係を作ることができず，孤独感を感じやすいのです。

❸うつ病

うつ病とは表6のような症状を示すこころの病気です。では社会的スキルはうつ病にどのように関係するのでしょうか。うつ病のきっかけの一つとして報酬をもたらす環境が失われることがあります。例えば会社が倒産して失業すれば，給料という報酬を得ることができなくなります。また失恋すると恋人とつきあうことで得られていた楽しさ，安らぎといった報酬が失われます。このような報酬源が失われることは落ち込み（抑うつ）を引き起こします。もし落ち込んだ人が社会的スキルを十分にもっていれば，新しい職場や恋人をみつけることができるでしょう。そのような人は少しの間は落ち込んでも，うつ病にはなりにくいのです。反対に社会的スキルが不足した人はいつまでも報酬源をみつけることができず，落ち込みつづけ，うつ病になる可能性があります。

最初にスキルとはやり方のことだと書きました。やり方には「うまい」，「下手」があります。誰とでもすぐに友だちになれる「うまい人」もいれば，なかなか友だちができない「下手な人」もいます。社会的スキルが不足している人は「下手な人」ということができます。

シャイネスのために社会的スキルを実行できない人は人前で失敗したくないため，人を避けようとします。また社会的スキルが不足している人は周囲から無視されたり拒否されたりします。つきあっても「報酬（楽しさ，心地よさ）」が少なく，「おもしろくない人」と評価されるからです。無視されたり拒否されたりした人はシャイな人と同じように，人を避けるようになります。どちらの場合も対人関係を避けることで社会的スキルを練習する機会がなくなり，ますます社会的スキルが不足することになります。

表6　うつ病の症状

感情の障害	憂うつ，気が滅入る，寂しい，などの感情の落ち込み
意欲と行動の障害	何もする気がしない，何をするにもおっくう，などの意欲の低下
身体的症状	なかなか眠れない，眠りが浅い，頭痛や頭部の圧迫感，食欲不振など

②ソーシャルスキル・トレーニング

　社会的スキルが不足した「下手な人」はどうすればよいのでしょうか。練習をしてうまくなればよいのです。社会的スキルには練習次第で対人関係をよりよく保てるという考え方が含まれています。社会的スキルを高めるための練習のことを社会的スキル訓練，またはソーシャルスキル・トレーニングと呼びます（ソーシャルとは社会的を意味する英語です）。

　社会的スキルは対人関係を保つためのものですから，当然，対人反応が含まれます。社会的スキル訓練では，アイコンタクトや声の明瞭さのような対人反応の細かい部分から，相手に権利を主張するとか謝罪するといった具体的な目標をもつ対人反応までさまざまなものをトレーニングします。

　トレーニングの対象となる社会的スキルは対人反応だけではありません。ものの見方や，感情などの認知過程も含まれます。社会的スキルの認知過程には「相手の反応の解読」「対人目標と対人反応の決定」「感情の統制」などがあります。「相手の反応の解読」は相手の言葉や表情，動作から相手が伝えたいと思っているメッセージを読み取ることです。「対人目標と対人反応の決定」は何が問題なのか，何を変える必要があるのかを考えること，解決策をできるだけ多く考えること，解決策を評価して実行する計画を立てること，からなります。このような問題の発見と解決策の工夫を問題解決スキルと呼ぶこともあります。「感情の統制」は社会的スキルの実行を妨げる不安，緊張，怒りなどの感情をコントロールすることです。

　社会的スキルのトレーニングは次のように進んでゆきます。まず被訓練者（トレーニングを受ける人）の社会的スキルの何がどのくらい問題なのかをいろいろな道具を用いて測ります。これをアセスメントと呼びます。紙に書いた社会的スキルについての質問文に回答させる質問紙法などがアセスメントの例です（ワーク23参照）。アセスメントの結果からその人に適した社会的スキルのトレーニング法が計画されます。またトレーニングが終わった後にも，トレーニングの効果があったかどうかを調べるためのアセスメントが行われます。

　アセスメントによって被訓練者の社会的スキルの問題点が明らかになったら，問題点を改善するトレーニングに移ります。対人反応の実行が適切でない場合には次のようなトレーニングが行われます。

❶教　示
　社会的スキルの利点や用い方を被訓練者に説明し，質問があれば受け付けます。

❷モデリング
　トレーニングする社会的スキルをモデル（手本）によって示して，被訓練者に観察させ，模倣させます。

❸リハーサル

　教示とモデリングで示した適切な社会的スキルを被訓練者に繰り返して練習させます。リハーサルには言語リハーサルと行動リハーサルがあります。言語リハーサルは社会的スキルの知識を口で反復させます。行動リハーサルは実際の行動として反復させます。

❹フィードバック

　被訓練者がモデリングやリハーサルで実行した反応が適切である場合にはほめ，不適切であれば修正します。子どもが被訓練者である場合には言葉でほめるだけではなく，お菓子などの報酬を用意することもあります。

❺般　化

　般化とはトレーニングした社会的スキルを，トレーニング以外の場面でも実行するように促すことです。般化のためには生活の中でトレーニングした社会的スキルを応用するように教示する方法や，社会的スキルの応用を宿題として実施状況を記録させ，あとでフィードバックを与える方法などがあります。

　相川（2000b）はシャイな青年に対して上に述べた方法で15回の社会的スキル訓練を行いました。具体的なスキルの訓練は13回でしたが，1回ごとに①〜④の順序で訓練し，毎回，宿題を出して次回にフィードバックをするという手続きをとっていました。

　社会的スキル訓練にはこの他，自分の社会的スキルにどのような問題があるのかわからない人に対して，上であげた問題解決スキルを訓練することもあります。また不安や怒りなどで社会的スキルを実行できない人に対してはリラクセーション法を訓練することもあります。

♥ワーク23　社会的スキルを測る

　以下にあげた質問文は菊池（1988）が作成した社会的スキル尺度（KiSS-18）で用いられているものです。質問文を読んであてはまると思われる数字（1～5）に○をつけてください。

	いつもそうでない	たいていそうでない	どちらともいえない	たいていそうだ	いつもそうだ

1. 他人と話していて，あまり会話が途切れないほうですか。　　1―2―3―4―5
2. 他人にやってもらいたいことを，うまく指示することができますか。　　1―2―3―4―5
3. 他人を助けることを，上手にやれますか。　　1―2―3―4―5
4. 相手が怒っているときに，うまくなだめることができますか。　　1―2―3―4―5
5. 知らない人とでも，すぐに会話が始められますか。　　1―2―3―4―5
6. まわりの人たちとの間でトラブルが起きても，それを上手に処理できますか。　　1―2―3―4―5
7. こわさや恐ろしさを感じたときに，それをうまく処理できますか。　　1―2―3―4―5
8. 気まずいことがあった相手と，上手に和解できますか。　　1―2―3―4―5
9. 仕事をするときに，何をどうやったらよいか決められますか。　　1―2―3―4―5
10. 他人が話しているところに，気軽に参加できますか。　　1―2―3―4―5
11. 相手から非難されたときにも，それをうまく片付けることができますか。　　1―2―3―4―5
12. 仕事の上で，どこに問題があるかすぐにみつけることができますか。　　1―2―3―4―5
13. 自分の感情や気持を，素直に表現できますか。　　1―2―3―4―5
14. あちこちから矛盾した話が伝わってきても，うまく処理できますか。　　1―2―3―4―5
15. 初対面の人に，自己紹介が上手にできますか。　　1―2―3―4―5
16. 何か失敗したときに，すぐに謝ることができますか。　　1―2―3―4―5
17. まわりの人たちが自分とは違った考えをもっていても，うまくやっていけますか。　　1―2―3―4―5
18. 仕事の目標を立てるのに，あまり困難を感じないほうですか。　　1―2―3―4―5

♥結果の整理と解説

　○をつけた数字がそのまま得点になります。合計を計算してください。得点が高いほど社会的スキルを「うまく」実行でき，反対に得点が低いほど社会的スキルの実行が「下手」であるということができます。

　菊池（2007）によれば大学生968名（男子403名，女子565名）にKiSS-18への回答をもとめたところ，得点の平均値と標準偏差（得点のばらつきの指標）は表7のとおりになりました。

表7　KiSS-18の平均得点および標準偏差

	男子	女子
平均得点	53.08	54.35
標準偏差	10.13	9.36

　平均値と標準偏差を使って，自分の得点がどのくらい高いかを判断できます。得点が〔平均値±標準偏差〕の範囲内であれば，ほぼ平均的といえます。他の集団の数値を元にしているのであくまで目安ですが，自分の社会的スキルの高さを判断する参考にしてください。

　菊池（1988）は大学生を対象としてKiSS-18の得点と矢田部－ギルフォード性格検査（Y-G性格検査）の得点との関連性を検討しました。それによるとKiSS-18の得点が高い大学生は，活動性が高く，対人的な面で積極的で，対人的なかかわりあいを好む傾向がみられます。また同様に得点が高い大学生は，落ち込み，気分の変わりやすさ，劣等感，神経質が低くなる傾向がみられました。得点の高さとあわせて社会的スキルを考える参考にしてください。

＊ワークでわかったことをまとめてみましょう。また，美容の専門家にとって必要な社会的スキルにはどんなものがあるか，考えて書いてみましょう。

③アサーショントレーニング

❶アサーショントレーニングとは

　社会的スキルの一つに，アサーショントレーニングがあります。アサーショントレーニングは，社会的スキルのトレーニング方法の一つです。お互いを大切にしながら，それでも率直に，素直にコミュニケーションすることをアサーションといいます。

　アサーショントレーニングは，「自己を否定的に捉えてしまい，自己表現がうまくできない人」や，逆に「自己主張が強すぎて相手を押し込んでしまうような言動をする人」に行う，自分も相手も大切にする自己表現の訓練手法です。

❷アサーションの理論

　アサーション理論では，対人関係を3種類に分けて考えます。

①受身的な自己表現

　受身的な自己表現とは，自分の意見や考え，気持ちを表現しなかったりすることで，相手に気持ちが伝わらないような言い方をすることです。あいまいな言い方や，消極的で受身的な態度，小さな声で言う，服従的な言い方などがあります。

　このような自己表現は，自分を抑え，相手を優先し，相手を立てているように見える反面，自分の気もちや考えを押し殺してしまうことが多いといえます。例えば，友達に本を返してほしくても言い出せない，などがあります。

　この自己表現を用いる場合，相手の承認を期待していたり，相手に対して恩着せがましい気持ちがあったりして，相手に怒りを感じることすらあります。しかも，その気持ちは相手にまったく伝わらず，結果的に自分自身に欲求不満やストレスが溜まりやすいといえます。

②攻撃的な自己表現

　攻撃的な自己表現とは，自分の考えや気持ちをところかまわずはっきり言い，相手の言い分や気持ちを無視し軽んじる方法です。自分本位で他者否定的，支配的，一方的な言動で，自分の優位を保とうとする自己表現といえます。先ほどの例だと，本を返してくれない友達に対して，「何で忘れているの？　すぐに返してよ！」と，怒鳴ってしまう，などがあります。

　攻撃的な人は，相手に逆らわれることへの恐れ，相手ときちんと話ができない不器用さなどを抱えていることが多いと考えられます。そして，相手との相互尊重ができない人間関係のため，関係が長続きできないことがあります。

③アサーティブな自己表現

　自分も相手も大切にしようとする自己表現で，自分の意見，考え，気持ちを正直に，率直に，その場にふさわしい方法で表現することです。この場合，本を返してくれない友達に，「この間貸した本，今度持ってきてくれる？」と，穏やかに，はっきりと自分

の言いたいことを相手に伝える方法をいいます。

表8　受身的，攻撃的，アサーティブな自己表現の関係

	受身的	攻撃的	アサーティブ
思考	・私はできない ・私はそれをしなくてはならない ・私はだめ人間だ	・私は正しい ・私はすばらしいが，相手はだめだ ・思い通りにならないのが我慢できない	・試してみる ・私はそれほど価値があるわけではないが，価値がなくもない ・人はそれぞれの意見がある
感情	・恐れ ・不安 ・敵意 ・憂うつ ・罪悪感	・怒り ・不安 ・不満 ・いらだち	・おだやかさ ・関心 ・安定
行動	・消極的 ・犠牲的 ・ぐちる ・あきらめる ・復讐する	・ののしる ・おどす ・ものに八つ当たりする ・傷つける ・復讐する	・おだやかに断る ・意見を率直に言う ・現実的に行動する ・妥協してもいい

表9　アサーションの種類

①要求	相手に，してほしいと思ったことを，率直にいう方法
②拒否	自分が望まない要求や誘いなどを，断る方法
③感謝	感謝したいときに，それをはっきりと相手に伝える方法
④謝罪	自分が悪いと思ったときに，きちんとあやまる方法
⑤感情表出	「思った」ことを，そのまま相手に伝える方法

♥ワーク24

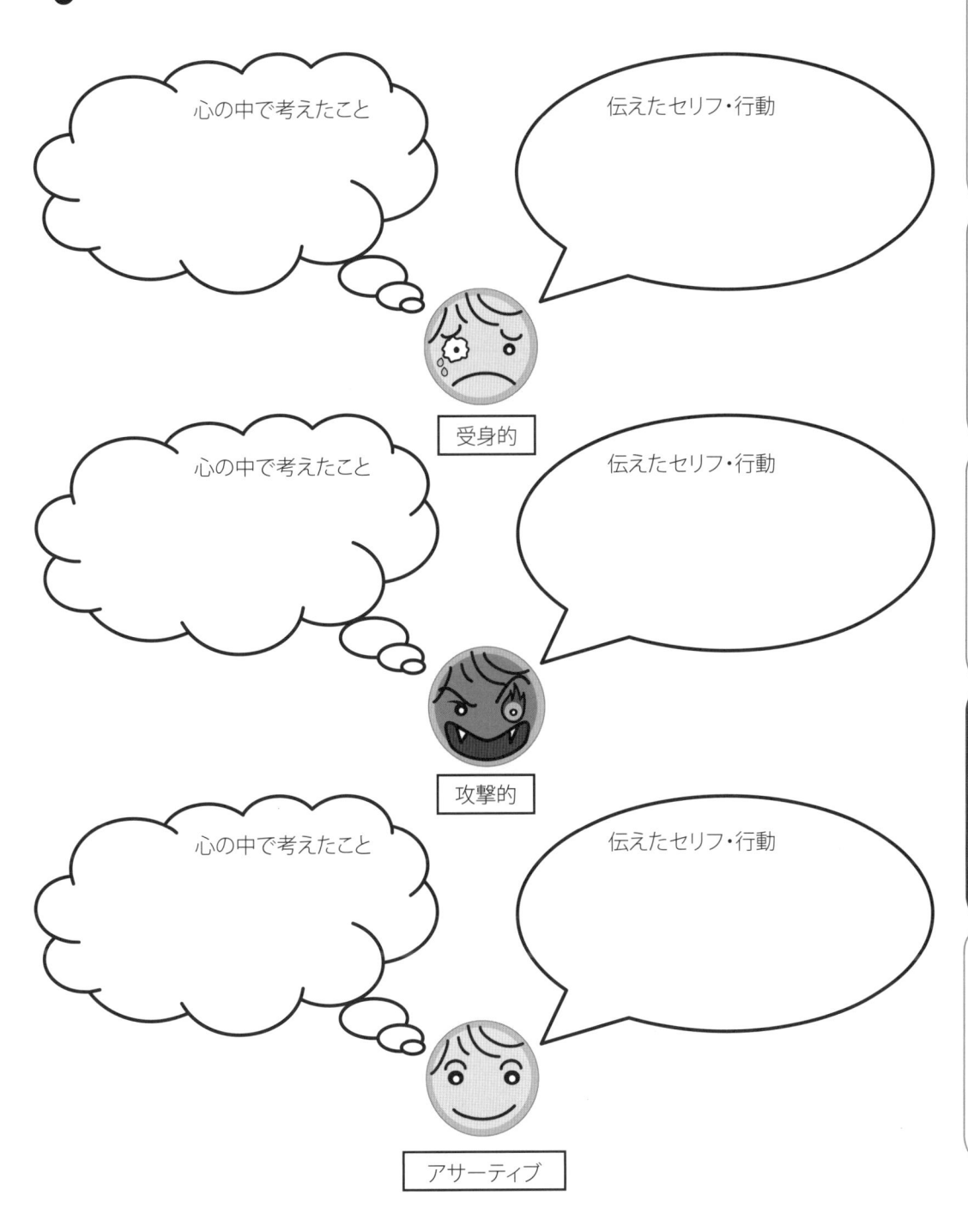

下の文章を読み，①受身的，②攻撃的，③アサーティブ，のそれぞれの自己表現に合わせて，「心の中で考えたこと」「伝えたセリフ・行動」を書き込んで答えましょう。

> あなたが学校を終えて，疲れて家に帰ろうとしたときです。仲のいい友達から，「これから遊ばない？」と，誘われました。

受身的

- 心の中で考えたこと
- 伝えたセリフ・行動

攻撃的

- 心の中で考えたこと
- 伝えたセリフ・行動

アサーティブ

- 心の中で考えたこと
- 伝えたセリフ・行動

授業中,しゃべっていないのにあなただけ名指しで「うるさい!」と,怒られました。

心の中で考えたこと　　　　伝えたセリフ・行動

受身的

心の中で考えたこと　　　　伝えたセリフ・行動

攻撃的

心の中で考えたこと　　　　伝えたセリフ・行動

アサーティブ

就職した美容室の給料が，採用のときの説明よりも5万円も低いものでした。また，そのことを店長に伝えると，「まだ新人だから，そんなにすぐにお金を出せない。」と言われました。

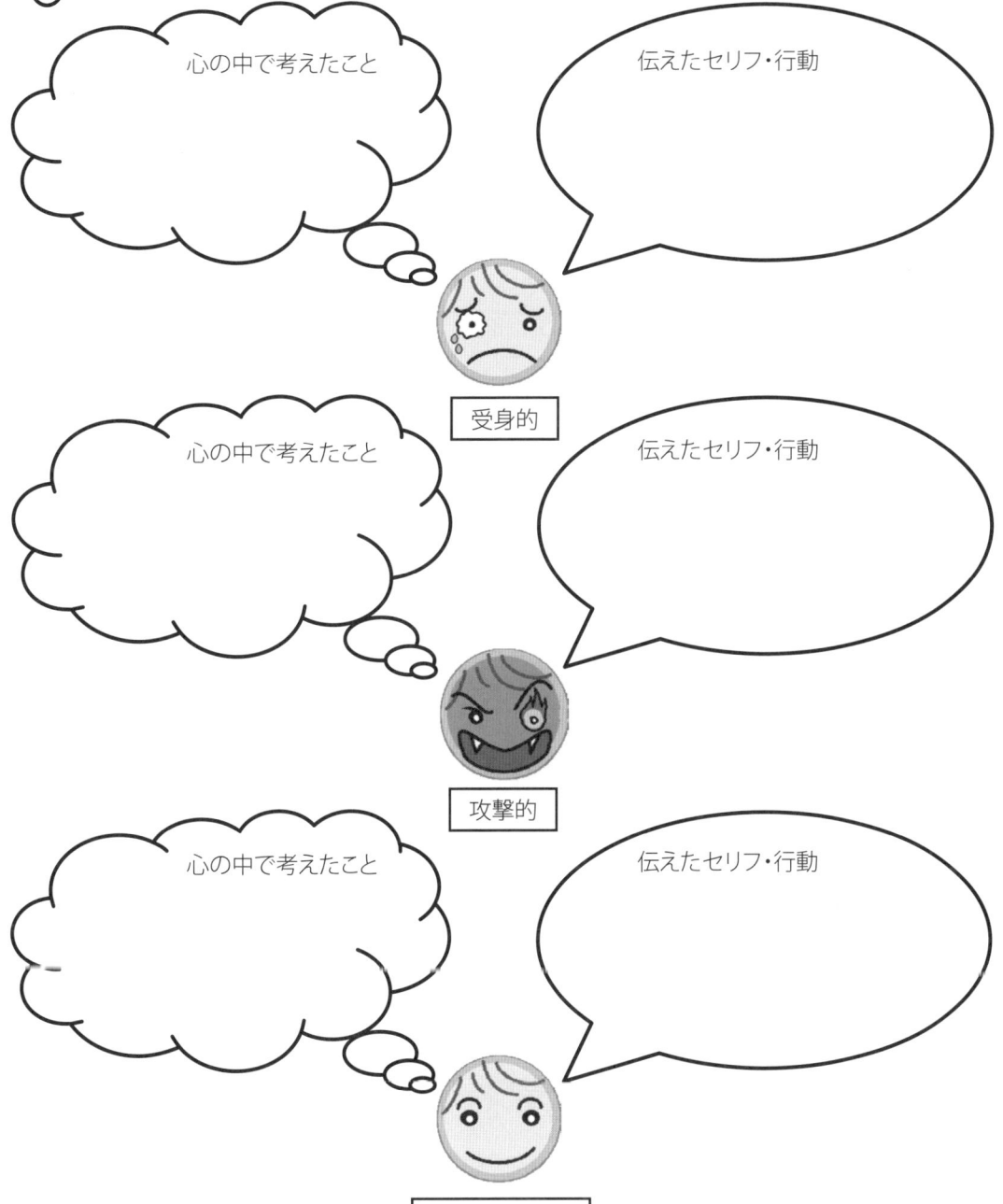

心の中で考えたこと

伝えたセリフ・行動

受身的

心の中で考えたこと

伝えたセリフ・行動

攻撃的

心の中で考えたこと

伝えたセリフ・行動

アサーティブ

あなたはエステサロンで働いています。そのサロンに来たあるお客さんが、すごくおしゃべりが好きで、エステの最中にずっとしゃべっています。しかし、あなたはエステの時間内に、今やっている施術の説明をしなければなりません。

心の中で考えたこと　　　　　　　　伝えたセリフ・行動

受身的

心の中で考えたこと　　　　　　　　伝えたセリフ・行動

攻撃的

心の中で考えたこと　　　　　　　　伝えたセリフ・行動

アサーティブ

あなたはブライダルサロンで働いています。結婚式を挙げる予定のカップルが、ウェディングドレスを何着か試着しています。あなたは、ドレス A のほうがドレス B よりも似あうと思いましたが、花婿が、「君はドレス B のほうが似合うね」と言いました。花嫁はあなたに、「どちらがいいでしょうか？」と聞きました。

心の中で考えたこと　　　　　伝えたセリフ・行動

受身的

心の中で考えたこと　　　　　伝えたセリフ・行動

攻撃的

心の中で考えたこと　　　　　伝えたセリフ・行動

アサーティブ

さらに勉強したい人のために──Chapter ⑤ 参考文献

相川　充　2000　人づきあいの技術―社会的スキルの心理学　サイエンス社

川瀬正裕，松本真理子（編）　1997　新自分さがしの心理学　ナカニシヤ出版

菊池章夫，堀毛一也（編著）　1994　社会的スキルの心理学―100のリストとその理論　川島書店

高橋正臣（監）1995　人間関係の心理と臨床　北大路書房

平木典子　1993　アサーショントレーニング―さわやかな「自己表現」のために　日本・精神技術研究所

星野欣生　2003　人間関係づくりトレーニング　金子書房

吉武光世，久富節子　2001　じょうずに聴いてじょうずに話そう―カウンセリング・マインドとコミュニケーション・スキルを学ぶ　学文社

ヘアショーで活躍する学生たち（山野美容芸術短期大学）

Chapter ⑥　心の健康と仕事

　美容のプロとして仕事にはげむなかで，思ったとおりにいかなかったり職場の人間関係を思い悩んだりして，だれもがストレスを経験することがあります。ストレスをきっかけにさまざまな試行錯誤をへて経験をつみ，いっそう成長することもあります。また，悩んでいるうちに心身の活力を消耗して健康を害してしまうこともあります。ストレスという言葉を日常生活でよく耳にしますが，ストレスとストレスの影響を正しく理解することが，ビューティ・プロフェッショナルに求められています。

❶ ストレスとストレッサー

　「職場の人間関係がストレスになっている」という人は少なくないようです。ストレスはもともとは生理学用語で，外から加えられた力によってバランスがくずれて歪みが生じた状態を意味します。それを引き起こした原因をストレッサーといいます。ストレッサーには次のようなものがあります。

①物理化学的ストレッサー
　暑さや寒さ，騒音，湿度，大気汚染，振動，薬品など。

②生理的ストレッサー
　細菌，ウイルス，ビタミン不足，疲労，睡眠不足など。

③心理社会的ストレッサー
　悲しみ，怒り，不安，恐れ,，焦り，憎しみ，人間関係のトラブルなど。

図15　外部から加えられた力によってへこんだゴムボール

❷ 良いストレスと悪いストレス

　ストレスが皆，仕事や生活の妨げになるわけではありません。たとえば美容の技術を競うコンテストに出場する準備をしている美容師やネイリストはストレスを感じることもあるでしょう。しかし，この経験は美容のプロとして成長するうえで大きな刺激になります。仕事に一生懸命に取組むなど，充実した生活を送るにはメリハリが必要です。

刺激のない単調な生活は退屈です。制服を着てメイクを整えた美容部員が，お客様に化粧品を説明する前に心地よい緊張感を感じているなら，**良いストレス**です。

しかし，同僚との人間関係にずっと悩んでいて不安な気持ちが続いているなら，心身の健康を損なう**悪いストレス**です。早めにストレスを解消するなど適切に対処しなければ，ストレスはやがて心身に様々な悪影響を与え，健康を損なっていきます。

心の変化（イライラ，不安，気分の落ち込みなど）や身体の変化（疲労感，頭痛，めまい，動悸，下痢など），行動の変化（遅刻や欠勤，暴飲暴食，浪費，引きこもりなど）が，過度のストレスのサインです。こうした変化が現れたら，すぐに対処しましょう。

3 ライフイベント

就職や入学，昇進，結婚，配偶者の死など，生活のあり方を大きく変える出来事が**ライフイベント**です。それまでとは生活のあり方が変わったなら，変化に適応するためにエネルギーを費やすことになります。肉親や友人の死のような悲しい出来事だけでなく，結婚のようなうれしいことでも生活の変化に適応するためストレスになるのです。新しい責任が加わり役割も変わります。このように新たな環境の変化に適応するときにはストレスが生じます。

また，多忙で時間に追われていたり，仕事が思うように進まなかったり，満員電車で多くの人に押されながら通勤するなど，日々の生活の中にもストレッサーになることは少なく

表10　ライフイベント（中野, 2005）

出来事	生活変化指数	出来事	生活変化指数
配偶者の死	100	子どもが家を離れる	29
離婚	73	姻戚とのトラブル	29
配偶者との別居	65	特別な成功	28
拘留,刑務所入り	63	妻の就職や離職	26
肉親の死	63	入学,卒業	26
けがや病気	53	退学	26
結婚	50	生活条件の変化	25
失業	47	個人的な慣習の変更	24
配偶者との和解	45	上司とのトラブル	23
定年退職	45	労働条件の変化	20
家族の健康状態の変化	44	引越し	20
妊娠	40	転校	20
性的な問題	39	余暇の変化	19
家族がふえる	39	宗教活動の変化	19
仕事の再調整	39	社会活動の変化	18
経済状態の変化	38	小額の借金	17
親しい友人の死	37	睡眠習慣の変化	16
転職	36	同居家族数の変化	15
配偶者との口論の増加	35	食習慣の変化	15
高額の借金	31	休暇	13
担保,貸付金の損失	30	クリスマス	12
職場での責任の変化	29	軽い法律違反	11

ありません。これがデイリー・ハッスルで，現代社会ではたいていの人が経験しています。

コラム：ストレスへの対処

ノルマを達成するために残業するなど多忙な日々が続き，ストレスがたまることは少なくありません。そうしたときは心身の健康をたもつために，自分でストレスを解消することが大切です。ストレスに対処（コーピング）するしかたには，問題焦点型の対処と情動焦点型の対処があります。

問題焦点型の対処：ストレスをもたらしたストレッサーに焦点をあてた対処方法です。問題の原因を分析して解決法を考え，そのために必要な情報を収集して行動することでストレッサー自体を解消します。同僚や友人とけんかをした場合には，その原因や影響を客観的に分析して解決策を探します。周囲の人に相談したり支援を求めたりして，計画的に行動しトラブルに対処する方法です。

情動焦点型の対処：ストレッサーによって生じた感情的な反応をしずめることに焦点をあてた対処法で，次のふたつに区別されます。

①認知的対処　仕事がうまくいかず失敗したときに，「今回もダメだったから，次も絶対ダメだ」などと決めつけずに「今回はたまたまうまくいかなかったが，がんばれば次回はきっと成功する」と考えれば，ストレスは低減するでしょう。このようにストレッサーへの認知を変える対処法です。実際に次の機会には仕事がうまくいく目途がついているなら，このように考えた方がくよくよと失敗を引きずるより，うまくいきそうです。

また，地震や不況のように自分の力では変えられないできごとがストレッサーになることもあります。この場合には「大変な状況は自分の責任ではなく，やむをえない」などと，ストレスの原因の捉え方（認知）を変える方がいいこともあります。第4章の認知行動療法（p.108）を参照してください。

②行動的対処　上司から小言をいわれストレスを感じている人が，カラオケで友人といっしょに好きな歌を思いきり歌ったり，趣味のテニスで汗を流したり，親友に自分の思いを話したりして，ストレスの原因とは関係のない別の行動でストレスを解消する方法です。熱中できる趣味や自分を支援してくれる友人や家族をもっていることが，行動的対処によってストレスに対処するうえで重要です。

しかし，この対処法はストレッサー自体を解消するわけではありません。その後も上司から叱責を受けるなら，気を紛らわすだけでは問題の解決にはなりません。また，酒やタバコや薬物に依存するようになって心身の健康を損なうおそれもあり，注意が必要です。

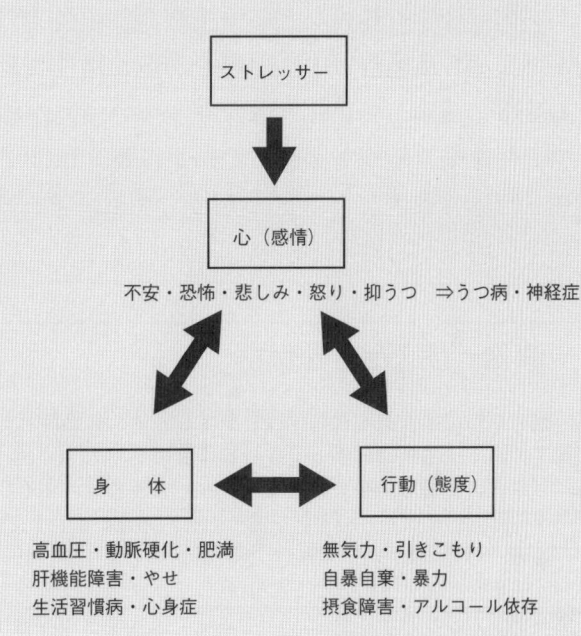

図16　ストレスの心身への影響（高島直子による）

ストレッサー → 心（感情）
不安・恐怖・悲しみ・怒り・抑うつ　⇒うつ病・神経症

身体
高血圧・動脈硬化・肥満
肝機能障害・やせ
生活習慣病・心身症

行動（態度）
無気力・引きこもり
自暴自棄・暴力
摂食障害・アルコール依存

4 汎適応症候群

ストレッサーにさらされた人の心身には様々な反応や変化がおきます。カナダの生理学者セリエは，これを汎適応症候群と名づけ研究しました。以下の過程をへて，ストレッサーはより大きな影響を与えます。

1警告反応期
　ストレッサーに直面すると，心身のバランスが乱され抵抗力が低下する（ショック相）。しかしその後，抵抗力が増大して防衛しようとする（反ショック相）。

2抵抗期
　抵抗力がふだんよりも高くなり，ストレッサーに対抗して問題を解決しようとする。

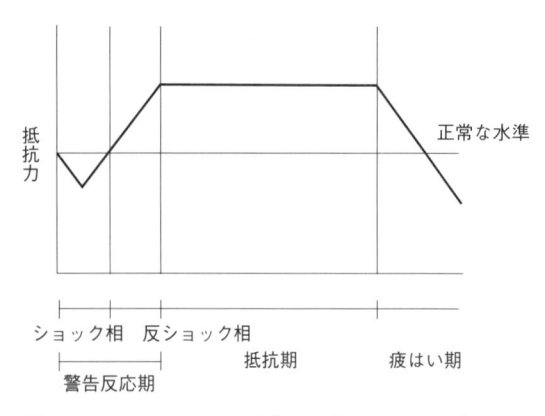

図17　ストレスの過程（田中，1986）

3消耗期
　抵抗期までに問題を解決できないと，抵抗力が枯渇して疲れ果て，心身にさまざまな症状が生じる。

5 燃え尽き（バーンアウト）症候群

　長い間，仕事や勉強などに一生懸命に頑張って心身の活力を使い果たし，疲弊した状態が**燃え尽き症候群**です。美容や看護や福祉など，1対1で人と接してサービスを提供する仕事に従事している人はなりやすい傾向があります。相手のためを思ってプロとしての責任を果たそうと頑張った結果，燃え尽きてしまうことは少なくありません。

　燃え尽き症候群になると，かつてあれほど仕事に打ち込んだ熱意や動機づけ，善意，責任感，将来への夢などが感じられなくなり，活動できなくなります。健康で充実した

事例　燃え尽き症候群

　地方都市にある美容専門学校を卒業した後，美容師として大都市のにぎやかな通りにある美容室で働き始めて一生懸命頑張ってきた6年目のSさん（女性，26歳）。3年前にはアシスタントからスタイリストに昇進し，後輩の指導をしながらサロンの中心的な担い手として頑張ってきました。特にこの半年ほどの間は新しい支店を開くため，準備に追われてきました。

　しかし最近になって，朝起きるのがつらくなりました。どうにか起きあがって身支度をするのですが，元気がでません。サロンに出勤していちおう仕事をこなしています。しかし，以前のようにやる気がわいてこなくなりました。「このところお客さんが多くて忙しかったし，新しいサロンの出店準備で疲れているのだろう。休日にゆっくり休めば，治るはずだ」と思っていましたが，その後しばらくたっても気力は戻らず，大好きなショッピングに出かける気にもなりませんでした。何とか遅刻をせずに仕事をしているものの，これまでのように定刻の2時間前に出勤して開店の準備をする気にはなれず，ぎりぎりに出勤しています。常連のお客さんのヘアスタイルの要望を聞き間違えるなど，最近ミスが増えました。後輩からも「近頃，元気ないですね」と言われる始末です。同僚にも以前のような親しみを感じなくなり，イライラした気分です。子どものころから憧れていた都会の美容室で頑張ってきたのに，最近の自分の状態がほんとに情けなく，落ち込んだり焦ったりするのですが，以前のように活き活きとした気持ちはわいてきません。どうしていいかわからず，途方に暮れたSさんは心療内科を受診することにしました。

職業生活を営むために大切な意欲や感情が失われてしまった状態です。心身ともに疲れ果てたという感覚（情緒的消耗感），心をもつ生身の人を実感できなくなる気持（非人格化），仕事のやりがいの低下（個人的達成感の減退）といった変化に注意しましょう。

コラム：自己実現

自己実現という言葉を聞いたことがある人は多いのではないでしょうか。この言葉はすでに日本語の日常語になりました。自己実現を生活の目標にしている人もいれば，楽器メーカーが中高年の人の自己実現欲求をかなえる楽器を売り出したり，旅行会社が自己実現をキーワードに新しいツアーを企画するなど，現代の日本社会を理解するキーワードの一つです。美容の仕事も外見の整容などをとおして顧客の自己実現に役立つものです。この言葉はおもに，マズローが提唱した動機づけの欲求階層説から普及しました。

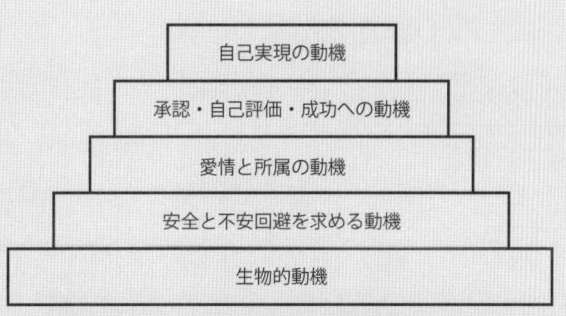

図18　マズローの欲求階層モデル

（ピラミッド上から）自己実現の動機／承認・自己評価・成功への動機／愛情と所属の動機／安全と不安回避を求める動機／生物的動機

マズローによれば，人はだれでも自分のなかにある潜在的な可能性を実現して自分の使命を達成し，人格の統合をめざす欲求をもっています。健康な人はみな自己実現に向かうように動機づけられているとマズローは考えました。しかしこの自己実現欲求が作用するには，生命維持のための生理的欲求や安全，所属，愛情などの社会的欲求など，下位にある欲求が満たされなければなりません。自己実現をとげた人は，自分や他者に寛容でユーモアに富み，既存の習慣や考え方にとらわれず自律的で，自発的に創造的な活動を行う，などの特徴をもっているとマズローは述べています。

職場では経済的な報酬はもちろん重要ですが，こうした心理学的な側面も十分に考慮する必要があります。仕事のやりがいや自分が果たす役割に意義を見いだし得るかどうかが，仕事に対する満足感（ジョブ・サティスファクション）に大きな影響を与えます。働きがいを感じない仕事を続けていては，クリエイティブで生産的な結果は望めません。職場の士気も下がり，離職する人が増えるかもしれません。仕事に誇りややりがいを感じ，仕事に熱心に没頭して取りくみ，職業生活から活力を得ていきいきしている人は，ワーク・エンゲイジメントの高い状態にあります。燃え尽き症候群とは反対に高いワーク・エンゲイジメントをもって仕事に取りくむ人は大きな成果を期待できそうです。自己実現は，こうしたことに関わっています。

日本では1960年代から心理学者によってマズローの理論が本格的に紹介されてきました。1970年代には学校教育の領域で児童生徒の自己実現や自己アイデンティティの重要性が論じられるようになり，同じころに経営学で従業員の意欲を高める動機づけの理論として知られるようになりました。1980年代には高校の社会科で取り上げられるようになり，この言葉が普及しました。高齢化社会の到来とともに，勤め先を定年退職した人の生きがいが社会問題になり，ここでも自己実現が注目されています。比較的，裕福で規模の大きなシニアマーケットをめぐって，多くの企業が自己実現をキーワードに商品開発を競っていることは先に触れたとおりです。

自己実現は個人としての私たちの生き方に影響を与えているとともに，高度成長期から今日にいたる日本社会の動向や変化を表す言葉でもあります。ビューティ・プロフェッショナルとして皆さんは，自己実現をどのように考えておられるでしょうか？

6 心身症

身体の病気なかで，病気の発症や経過に心理社会的ストレッサーなど精神的な要因が密接に関与しているものが心身症です。

精神的なストレスは，自律神経や免疫系，内分泌系の働きに影響を与えます。血圧が

上がったり免疫力が低下したりホルモンのバランスが乱されたりして，身体の病気になることは珍しくありません。仕事のノルマに追われているうちに頭痛やめまいや耳鳴りがおきたり，家族との不和に悩んでいる人が服薬していても風邪やぜんそくがなかなか治らないという場合は，心のケアも欠かせません。

おもな心身症の症状

呼吸器系……ぜんそく，過呼吸症候群
循環器系……狭心症，高血圧
骨格運動器系……関節リウマチ，書痙，チック
消化器系……胃潰瘍，十二指腸潰瘍，嘔吐，過敏性大腸症候群，摂食障害
泌尿生殖器系……インポテンツ，頻尿
皮膚系……じんましん，アトピー性皮膚炎，円形脱毛症
内分泌代謝系……甲状腺機能亢進症，糖尿病，肥満症
神経系……頭痛，慢性疼痛，自律神経失調症

摂食障害

　テレビや雑誌で目にするスレンダーなモデルや歌手に憧れてダイエットに励んでいるうちに，食事をとれなくなってやせ細ってしまったA子さん。仕事でイライラがつのり，それを解消するために普通の人の何倍もの量の食事やお菓子を短時間で食べてしまうB美さん。いずれも摂食障害が疑われます。
　摂食障害は思春期から青年期の女性に多く，神経性無食欲症（拒食症）と神経性過食症の2つに区別されます。拒食が続いた後に過食になるなど，2つの状態を繰り返すことも多いのが実際です。

摂食障害のおもな症状

【神経性無食欲症（拒食症）】
・身長にふさわしい体重を拒否し，とてもやせている。
・体重が不足していても，体重が増え太ることを極度に恐れている。
・実際にはやせているのに，それを自覚できない。
・月経が止まる。

【神経性過食症】
・むちゃ食いを繰り返す。食べることをコントロールできないという感覚がある。
・体重の増加を防ぐために，食後に嘔吐し下剤を用いたり，過剰な運動を行う。
・「太った自分は価値がない」などと感じ，体重や体型が自己評価に過剰な影響を与えている。

　拒食症では精神的なストレスの影響やダイエットのために食事をとらずに過ごしているうちに，身体が食事を受けつけなくなり，低体重になることがあります。エネルギーとなる糖が不足して低血糖に陥り，脳の活動が阻害され意識障害が起こります。また，食べた後に嘔吐や下剤の使用を続けていると，カリウムやナトリウムなどの電解質が不足し心機能が低下して全身の脱力感、しびれを生じます。心不全のために死に至ることも決して少なくはありません。心が関わる病気のうち，摂食障害は死亡率が最も高いものの一つです。やせ細っていても自分ではそうは思わないため，自ら治療しようとは考えないことが多く，周囲の人の協力が欠かせません。
　過食症では精神的なストレスが一因となることが知られています。嫌なことがあったときに食べることでストレスを発散するわけですが，この場合に起きている食べようとする衝動は通常の空腹感や食欲によるものではありません。自分ではコントロールできず，本人も過食を恥じて嫌悪し，おかしいと思っています。

摂食障害の治療は心療内科や精神科，小児科などで身体と心の治療を総合的に行います。著しい低体重の場合には入院して栄養をとることも大切です。抗うつ薬や抗不安薬などの薬も処方されます。仕事や友人や家族，特に母親との関係など精神的なストレスが関与していることが多く，カウンセリングや認知行動療法，集団精神療法などさまざまな心理療法が活用されています（事例4 摂食障害の治療（p.50）を参照）。

毎日の生活のなかには「スリムで若く美しい女性」の映像や写真が満ちています。テレビでもインターネットでも，広告ポスターでもこうした映像があふれ，私たちが生活をおくる環境の一部になっているようです。「美しい人の幸せな生活には細くて長い脚や，シミひとつない輝く肌が欠かせない」というメッセージを，私たちはそこから受け取っているのです。摂食障害にはこうした特徴をもつ社会や文化の影響も指摘されています。特に美容のプロである皆さんは，この「美の基準」とともに仕事をしています。自分自身とお客さまの健康と幸福のために摂食障害の実際を知り，美しい人や美しい生活とはどのようなものか「美の基準」について，改めて考えてみる必要がありそうです。

心身症の治療

心身症の治療は身体と心の両面から取り組む必要があります。潰瘍や皮膚炎，高血圧など身体の症状に応じて薬を服用します。また心身症の発症や経過には心の問題が関わっているため，カウンセリングや認知行動療法などの心理療法を行ってこれを解決しなければ完治しません。心療内科はこうした治療を総合的に行っています。

コラム：タイプA

あなたは毎日，どのような職業生活をおくっていますか？ もし自分の仕事の進め方が「野心的で競争的，攻撃的，性急で仕事熱心」だと思うなら，あなたはタイプAパーソナリティの持ち主かもしれません。タイプAの人とそうでない人を比較すると，前者が狭心症や心筋梗塞などの虚血性心疾患になりやすいことがわかっています。

このタイプは時間を惜しんで仕事に励み，はっきり自己主張をする有能な人です。競争の激しい現代社会では出世が早く成功する可能性が高いことが知られています。20才代で自分のサロンをいくつも持ちビジネスを広げた美容師やエステティシャン，同期入社の美容部員の中でトップの営業成績を収め管理職に昇進した人など，成功した人は特に自分が上記の行動特性をそなえているかどうか考えてみてください。

タイプAの人は若いうちはうまくいっていても，中年期以降に虚心性心疾患をわずらい心臓発作のために突然死する危険性も高まります。この病気はがんや脳血管障害とともに現代の日本の三大死因の一つに数えられています。仕事以外に趣味をもち余暇を楽しんだり，適度な運動をするなどしてストレスを解消し，心のなかの思いを何でも話せる家族や親しい友人をえて上記の行動パターンを変えれば，危険性は下がります。長い目で見るとタイプAからタイプBに変わる方が，幸せな職業生活をおくれそうです。

7 不安障害

仕事や家庭，健康問題など不安や心配事のたねは尽きません。こうした不安は健康な人なら自分で解消したりがまんしたりして，やがて気にならなくなります。しかし悩みや心配があまりに強く，繰り返し生じて苦痛が続くなら，不安障害になるおそれがあります。主な症状は，日常生活に支障をきたすような持続的な強い不安です。不安を引き起こすような刺激や状況を事前に避けようと，回避する行動もみられます。いつも恐ろしいことが起こりそうに感じて緊張が続き，落ち着きなく焦燥感にかられた状態は仕事や家庭での生活を妨げます。強い不安とともに，動悸や手足の震え，冷や汗をかくなど

身体にも症状があらわれることが少なくありません。

抗不安薬や抗うつ薬などの服薬や，不安を引き起こしやすい行動や認知のパターンを変える行動療法や認知行動療法などの心理療法が有効です（p.108を参照）。

おもな不安障害

【全般性不安障害】
・合理的な根拠がないにもかかわらず，仕事や家庭，安全，お金，健康など様々な対象に不安をいだく状態が慢性的に続く。
・睡眠障害や疲れやすさ，ものごとへの集中の困難などをともないやすい。

【パニック障害（p.47を参照）】
・急に発生する強い不安で，身体症状を伴う。
・下記の症状のうち4つ以上が突然現れ，10分以内に最高潮に達する。
1）動悸・心悸亢進，2）発汗，3）身体のふるえ，4）息切れ・息苦しさ，5）窒息感，6）胸痛・胸部不快感，7）吐き気・腹部不快感，8）めまい・ふらつき・気が遠くなる，9）現実感の消失，離人症状，10）「気が狂う」ことや自制心を失うことへの恐怖，11）死の恐怖，12）異常感覚（麻痺・うずき感），13）冷感・熱感の症状

【社会不安障害】
・多くの人の前でスピーチをするなどの特定の社会的状況に対して強い不安をいだく。そうした状況を避けようとし，極度に緊張したりそのために振る舞いがぎこちなくなり，言いたいことが言えなくなる。
・赤面恐怖，視線恐怖，醜形恐怖などを含む。

【強迫性障害】
・自分でも不合理だとわかっていながら，意思に反して頭の中に特定の考え（強迫観念）が繰り返しおこる。また，それを取り除こうとして特定の行動（強迫行為）を繰り返す。
・強迫観念や強迫行為には，不潔恐怖や洗浄恐怖，火元や戸締りなどの確認恐怖，ものの配置や順序へのこだわり，儀式的行為などがある。

【外傷後ストレス障害（PTSD）】
・災害や戦争，生命の危機にさらされる事故など，大きな精神的外傷となる出来事を体験した後におこる。
・不安発作や不眠がつづき，ものごとに集中できなくなる。外傷となった体験がフラッシュバックしたり，夢にでるなどして再体験する。
・感情が麻痺したような感覚や解離などの症状を特徴とする。

8 うつ病

仕事でミスをしてしまいお客様や同僚に迷惑をかけたり，大切な恋人を失ったりすれば，だれでも気分がお落ち込み憂うつになります。しかし時間がたてばやがて気をもちなおし，もう一度がんばろうと思う力がわいてくるものです。しかし2週間以上も憂うつな気分が続き意欲が失われているなら，うつ病かもしれません。気分がしずみ，自責の念や悲観的な考えにとらわれて自殺しようとすることも少なくありません。近くにいる家族や同僚，友人のサポートが重要です。

うつ病の症状

朝，具合が悪く午後から夕方にかけて改善してくることが多い（日内変動）。

【抑うつ】
憂うつな悲しい気分になり，落ち込んでしまい今後に希望を感じない状態。

【意欲の低下】
何をするのもおっくうになり，仕事への意欲を失い，好きな趣味にも関心がもてなくなる。テレビを見たり，雑誌や本を読む意欲も感じない。

【判断力や遂行力の低下と自責】
考えをまとめて判断を下したり，仕事や家事をする能力が低下する。自分に自信をもてなくなり，自分を責め，自殺をしようとすることが少なくない。

【身体の症状】
不眠や頭痛，便秘などの身体の不調をともなうことも多い。身体の不定愁訴を訴えている人が実際にはうつ病である場合もある。

原因と治療

失業したり突然，家族と死別するなどの悲しいできごとだけでなく，昇進や出産のような一見うれしいできごとも，ストレスになることがあります。こうした精神的なストレスがうつ病の主な原因のひとつです。

うつ病になると上記のように心身に大きな変化が生じ，脳内の神経伝達物質のバランスが乱されていますので，治療には抗うつ薬などの服薬が不可欠です。服薬して十分に休息を取って静養する必要があります。憂うつな気分がおさまってきたら，認知行動療法などを行って抑うつ的な気持ちを生みやすい考え方を変え（4-2-3 認知行動療法を参照），仕事の量や役割，家庭での人間関係など調整して無理なく社会復帰できるよう環境を整えます。

うつになりやすい性格

- 生まじめ，几帳面
- 完璧主義
- 物事に執着する
- 頑固で柔軟性に欠ける
- 他人からの評価に過敏に反応する
- 過度に他者のために世話をやく
- 自尊感情が低い
- ものごとを悲観的に考えやすい
- 自分の感情や意見を表現しない，など

［お薦めウェブサイト：UTU-NET うつをこえて（一般社団法人うつ病の予防・治療日本委員会）http://www.utu-net.com/index.html］

❾統合失調症

統合失調症は思考や感情など心の働きの統合が乱された状態です。幻覚や妄想のような陽性症状と，それに続いてあらわれることが多い陰性症状（感情や意欲の低下）が特徴です。この病気になった人は自分では病気だという自覚をもたない場合が多く，治療のためには周囲にいる人のサポートが大切です。

10代から20代の若者に発症する人が多く，一生のうちに統合失調症になる人は国や時代が異なっても，100人に一人ほどで珍しい病気ではありません。

統合失調症の陽性症状と陰性症状

【陽性症状】
　幻覚……実在しない声が聞こえ，自分の悪口を言ったり命令したりする（幻聴）。テレパシーや電波などを知覚する。実在しないものが見えたり（幻視），臭いや味を感じることもある。
　妄想……現実とは異なることを信じ込む。他者が自分の悪口をいったり自分を監視したり，嫌がらせをしているなどと思い込む（被害妄想）。自分が万能な，歴史上の偉人のような重要人物だと確信する（誇大妄想）。自分とは関係のないことを自分と関係づけて確信する（関係妄想）。

【陰性症状】
　感情の鈍麻……喜怒哀楽の表現が乏しくなり，他者と目を合わせないなど感情が平板化する。
　意欲の減退……意欲や気力が低下し，ものごとに関心を示さなくなる。
　思考の低下……考えがまとまらなくなるなど，認知能力が低下する。
　コミュニケーションの支障……他者との心の交流が失われ，自閉するようになる。日々，ひとりでぼんやりと無為に過ごす。

統合失調症のおもなタイプ

【破瓜型（解体型）】思春期から青年期にかけて発症し，思考や行動のまとまりがなくなり，仕事や学業の成績が低下する。人とのかかわりを避け，閉じこもりがちになる。
【緊張型】青年期に急に発症することが多い。極度の興奮や筋緊張がおき，不自然な姿勢を保ち続けるなど特異な行動がみられる。
【妄想型】20歳から30歳ころに発症することが多く，自分を批判している声が聞こえるなどの幻覚や妄想が中心で，陰性症状は目立たない。

原因と治療

　高血圧や糖尿病など多くの病気と同じように，統合失調症の発症にはその人のなりやすさ（素因）と精神的なストレスなどの環境要因がかかわっています。きょうだいや親がこの病気になったことがある人は，そうでない人よりもなりやすいことが知られています。職場や家庭でのストレスがきっかけになることも少なくありません。

　統合失調症の治療は薬物療法を第一として，本人と家族への心理教育などのサポートを行います。症状の背後には脳内の神経伝達物質の異常があり，症状を抑えるために服薬が欠かせません。必ず医師の診療を受け，指示に従いましょう。服薬して症状が収まってきたら，患者の状態に応じて心理療法やリハビリテーションを行い，社会復帰に向けて準備します。

　また家族への支援も重要です。家族など身近にいる人が正しい知識をもって接すれば，再発の可能性は低減します。患者を非難したり，心配し過ぎるなどの感情的な接し方がストレスになり，再発してしまう場合もあります。家族が患者を心配するのは当然ですが，医師などの専門家と連携して過度にとらわれず，家族も自分の生活を大切にすることが良好な予後への近道です。

［お薦めウェブサイト：みんなのメンタルヘルス（厚生労働省）http://www.mhlw.go.jp/kokoro/speciality/detail_into.html］

🔟 日々の生活に活かすために
：さまざまなカウンセリングのアプローチと心 ──

　ここまで，ビューティ・プロフェッショナルを目指す皆さんに，カウンセリングの考え方や理論や技法を紹介してきました。これまでに学んだとことをとおして，皆さんのカウンセリングのイメージは変わったでしょうか？　第1章の冒頭で述べたように，「美容の仕事とカウンセリングにどんな関係があるのかな？」と思った人もいたことでしょう。いま皆さんが自分なりに美容とカウンセリングの関係を思い描くことができれば，著者としてうれしいかぎりです。

　本書はカウンセリングを美容の現場で，またより広く日常生活のなかで活かすことをめざしています。狭い意味でのカウンセリングは，「心理的な問題や悩みについて専門的な援助をすること」をさしますが，それはプロのカウンセラーだけが行うものではありません。相手の気持ちや考えを理解して，自分のそれを相手に伝えるために，私たちはみなカウンセリングを日常生活のなかで活かせるのです。　特に美容を職業とする皆さんにとって，お客様のニーズを正しく理解して，一緒に仕事をする他のスタッフと的確にコミュニケートすることは重要です。またヘアやメイクやスキンケアやネイルアートなどについてお客様の相談をうかがうことは，大切な仕事のひとつです。

　こんにちでは，そうした美容にかかわる多様なお客様のニーズに応えられるビューティ・プロフェッショナルが求められています。外見の美しさに心身の健康美を加え，いきいきと充実した生活を送ってこそ「トータル・ビューティ」を実現できるのです。そのためにカウンセリングの考え方やスキルを活用できます。美容の現場でこうしたカウンセリングを実践して，お客様が自分に似合うヘアスタイルやカラーやメイクの方法をみつけて装いを変え，また自分にふさわしい結婚式のありかたを選ぶことができれば，素晴らしいことでしょう。そうした美容のプロなら職業人として成功する可能性も高くなるはずです。第1章で紹介した有名な美容師の言葉にもあるように，美容師の仕事にとって大切なことは，お客様と話しながら生活スタイルを知り，一人ひとりに似合うヘアスタイルを見つけることです。お客様の髪の量や質，顔の形やファッションの趣味などの外面的な部分だけでなく，性格や仕事の内容や生活のあり方といった内面的な部分まで含めて，お客様の個性を知る必要があります。一人ひとり異なる多様なお客様の「自己主張をプロデュースする」ことができれば，どんなに素晴らしいことでしょう。

　また職場を離れても，健康で快適な生活をおくるために，カウンセリングを活かせます。家族や友人などと過ごすプライベートな時間を自分らしい充実したものにするためには，自分自身や相手を正しく理解することは欠かせません。本書では自分を知るためのさまざまなワークも行いました。また目の前にいる相手を理解して，アドバイスしたり自分の考えを伝えるためには，それに応じたスキルが必要です。本書が皆さんに提供したかったのは，そうしたスキルなのです。カウンセリングのスキルを習得していれば，皆さんの身近にいる人が悩みを抱えて困っているときに，その解決に向けて支援することもできるでしょう。

本書ではこのような立場から，ビューティ・プロフェッショナルをめざす皆さんに専門的なカウンセリングの基礎を学んで，それを広く仕事や日常の対人関係の中に活かしてもらいたいと考えカウンセリングを説明しました。その目標は達成されたのでしょうか？

美容室で就労体験をする山野短大生

⓫ 私たちの生活とカウンセリング

　表11は，心を理解するさまざまな立場や考え方をまとめたものです。心を捉える考え方がひとつではなく，たくさんあることに驚いた人もいるかもしれません。カウンセリングや心を専門的に研究する学問である心理学が，人間の心を理解する方法は一つだけではないのです。人間の心は多様で，いろいろな側面を持っています。同じ人でも違った視点から見れば，異なった心の理解が得られることも，しばしばです。

　たとえば，第4章では様々なカウンセリングの理論を紹介しましたが，クライエント中心療法と認知行動療法ではクライエントへのアプローチがずいぶん異なっていました。クライエント中心療法では目の前にいる相手の話を傾聴して理解し，また聞き手が共感していることが相手に伝わることによって，その人が考えている自己と実際の自己とが近づき，一致することを目指していました。いっぽう認知行動療法では，人間関係などの外界の状況が刺激となって，クライエントの心の中である特定の考え（認知）が起こりその結果，問題となっている行動が生じる，と捉えられていました。この立場を取るなら，心の中の考えが変われば行動も変わるでしょう。そこでカウンセラーは認知が変わるように，クライエントに様々な働きかけを行うのです。さらに行動療法や社会的スキル訓練では，よりいっそう外にあらわれた行動に焦点がおかれていました。古典的条件づけや道具的条件づけの原理を適用して，学習によって特定の行動や人間関係のスキルを習得できる，と考えられています。

　このように人間の心を捉える立場や考え方には，さまざまなものがあります。現在のところ，心を理解する「ただ一つの正しい立場」というものはありません。時と場合に応じて，自分がいちばん納得のいく心の説明を与えてくれるアプローチを採用すればいいでしょう。

　私たちが生活をおくる現代社会は，生活環境などの物理的，化学的環境の面でも人間関係などの心理的な面でも，数多くのストレスに満ちています。私たちはみなその中で職業につき，家族や友人や地域社会の人々とかかわりあいながら，日常生活をおくっています。自分にふさわしい充実した生活をおくるには，自分自身と相手を正しく理解して，気持ちや考えを互いに適切に伝え合うことが不可欠です。そのために本書で学んだカウンセリングの理論やスキルが，きっと役立つことでしょう。

　東日本大震災の後に人と人のつながりの大切さが改めて見直されるようになりました。カウンセリング・マインドをそなえたビューティ・プロフェッショナルはお客様や同僚や家族や友人の幸福に寄与し，そのことをとおして社会に貢献できるのです。

　美容を専門とする職業人として，また一人ひとりかけがえのない生活を営む個人として，みなさんが有意義な生活をおくられるよう願っています。

表11 心を理解するためのさまざまなアプローチ

クライエント中心療法：人はみな基本的には健康であり，成長と自己実現に向かう可能性をもっている。自己実現に向かう傾向から逸れた状態が種々の問題を生じる不健康な状態である。カウンセリングの目的は，一人ひとり個性的なクライエントがもっている潜在的な力を尊重し，自己実現への傾向を促進する環境を提供して，自己概念と経験の一致を促すことである。

行動療法：不適応行動は，古典的条件づけや道具的条件づけなどの原理によって学習され，環境内の特定の刺激や反応が結びついて生じる。そのため消去や行動の形成（シェイピング）などの条件づけの方法を用いて不適応行動を消去し，それに替えて適応的行動を新たに習得できる。

認知行動療法（論理療法，認知療法）：人は外界から入力された刺激に対して，心の中で思考などの情報処理を行い，出力として様々な行動を行う。抑うつや対人関係のトラブルなどの問題は心の中の認知の歪みが主な原因であり，思考のパターンのかたよりなど，認知の歪みを修正すればそれらの問題を解決できる。

精神分析：乳幼児期などの過去の経験や，性欲のような本能的欲求の役割を重んじる。意識にのぼれば心を動揺させる厳しい体験が無意識の中へと抑圧され，不安などの症状が生じる。無意識への抑圧を解除し，葛藤を引き起こしている原因を意識化して自覚することが重要である。

交流分析：たがいに反応しあう人々の間の交流のパターンを分析する。人の心には養育的親，批判的親，大人，適応した子ども，自由な子どもという異なった働きをする自我状態がある。人によって優位な自我状態が異なり，現実のふるまいも違う。悪循環に陥った交流を分析して背後にある人生の脚本を書き換えれば，問題は解決される。

分析心理学（ユング心理学）：人生の究極の目的は自分の可能性を実現する個性化であり，そのためには無意識の補償的象徴の力によって潜在的な可能性に気づき，自我の力で統合する必要がある。個人的無意識だけでなく集合的無意識も重要で，それは神話や夢などに共通に認められる。心の全体性の中心である自己が，心のうちの対立する諸要素を統合する。

社会的スキルとアサーショントレーニング：日常生活の様々な場面で出会う相手とその場にふさわしいかかわりを築き，相手の話を聞いて理解し，自分の考えや立場を的確に伝えるスキルは学習できる。古典的条件づけや道具的条件づけの方法を用いて訓練を行えば，基本的には誰もが社会的スキルを習得できる。

ブリーフセラピー：多くのセラピーは数多くのセッションを行い，長い治療期間を要するが，セラピーの回数や期間を限定して短期間のうちに治療効果をあげることをめざす。クライエントの人格を変容するよりも，治療目的を明確に限定して目の前にある問題自体の解決をめざして治療者が能動的，積極的に介入を行う。

コミュニティ心理学：人は他者や社会や物理的環境と切り離されて，孤立して生活を送るのではない。行動はその人を取り巻く特定の人間関係や社会的物理的環境などからなる特定のコミュニティの中で行われる。したがって行動を変容するには個人に焦点を当てるだけでは十分でなく，コミュニティに働きかけ，問題の原因を解決する。

生物学的心理学：人間の心の基礎は脳などの中枢神経系にある。中枢神経系のメカニズムが解明されれば，心のはたらきも正しく理解できる。感情や思考，動機などの心の活動と相関する脳の過程を検討し，また中枢神経系の変化が人と動物の心や行動にどのような影響を与えるかが研究されている。

あとがき

　美容師やエステティシャン，美容部員，ネイリストなどのビューティ・プロフェッショナルの仕事にはお客さまの心を正しく理解することが大切です。お客さまの考えや気持ちを知ることが，良い仕事をする出発点です。このため山野美容芸術短期大学と山野美容専門学校では20年近く前から，カウンセリングと心理学をカリキュラムに取り入れて美容のプロをめざす学生を対象に教育を行ってきました。本書は長年のあいだ両校でカウンセリングを講じてきた講師の経験にもとづいて執筆されました。美容の仕事にたずさわる人に向けて書かれたカウンセリングの教科書がなかったので，これまで行ってきた講義の内容をまとめ3年前に『美容師のためのカウンセリング』として出版しました。

　こんにち美容にかかわる仕事はヘアだけでなく，エステやメイク，ネイル，ファッション，ブライダル，化粧品販売など，いっそう多様になりました。カウンセリングはこれらの仕事のすべてで役立ちます。そこでさまざまな美容の現場で働くプロフェッショナルのニーズにこたえるために，教科書を改訂し拡張することになりました。本書の刊行のためにナカニシヤ出版の宍倉由高さんと米谷龍幸さんにご尽力いただきました。感謝申し上げます。

　本書はカウンセリングの講義を受講してくださった学生の皆さんからいただいた多くのコメントやリアクションによって育まれた産物です。

　受講生の皆さん，ありがとうございました。

五十嵐 靖博

● 引用・参考文献

第2章
国分康孝　1980　カウンセリングの理論　誠信書房

第3章
高橋美保　2005　対人関係の心理学入門　秀和システム
玉瀬浩司　1998　カウンセリング技法入門　教育出版
福原眞知子・アイビイ, A. E.・アイビイ, M. B.　2004　マイクロカウンセリングの理論と実践　風間書房
保坂　亨・中澤　潤・大野木裕明　2000　心理学マニュアル面接法　北大路書房

第4章
カーウェン, B.・ラデル, P.・パーマー, S.（下山晴彦訳）2004　認知行動療法入門―短期療法の観点から　臨床心理学レクチャー　金剛出版
福山清蔵（著）日精研心理臨床センター（編）1986　入門カウンセリング・ワークブック　日本・精神技術研究所
木村　裕（編）1994　はじめてまなぶ心理学　ソフィア
宮田敬一　1997　ブリーフセラピー入門　金剛出版
森　俊夫・黒沢幸子　2002　解決志向ブリーフセラピー　ほんの森出版
関口茂久・近藤文良　1987　発達と学習の心理学　ブレーン出版

第5章
相川　充　1995　人間関係のスキルと訓練　高橋正臣（監）人間関係の心理と臨床　北大路書房　pp.68-80.
相川　充　2000a　人づきあいの技術―社会的スキルの心理学　サイエンス社
相川　充　2000b　シャイネスの低減に及ぼす社会的スキル訓練の効果に関するケース研究　東京学芸大学紀要第1部門（教育科学）51 49-59.
五十嵐靖博・中村延江　2000　美容専門学校生の自己のイメージ―20答法による検討　山野研究紀要　8 81-85.
岩井浩一・石川　中・森田百合子・菊地長徳　1977　質問紙エゴグラムの臨床的応用　交流分析研究　2（1）8-13.
川瀬正裕・松本真理子（編）1997　新自分さがしの心理学　ナカニシヤ出版
菊池章夫　1988　思いやりを科学する―向社会的行動の心理とスキル　川島書店
菊池章夫（編著）2007　社会的スキルを測る―KiSS-18　ハンドブック　川島書店
菅沼憲治　2002　セルフ・アサーション・トレーニング―疲れない人生を送るために　東京図書
平石賢二　1990　青年期における自己意識の発達に関する研究（I）―自己肯定性次元と自己安定性次元の検討　名古屋大学教育学部紀要―教育心理学科　37　217-234.
平石賢二　1993　青年期における自己意識の発達に関する研究（II）―重要な他者からの評価との関連　名古屋大学教育学部紀要―教育心理学科　40　99-125.
堀　洋道（監）山本真理子（編）2001　心理測定尺度集 I　サイエンス社
山田ゆかり　1989　青年期における自己概念の形成過程に関する研究―20答法での自己記述を手がかりとして　心理学研究　60(4) 245-252.

第6章
中野敬子　2005　ストレス・マネジメント　金剛出版
西村良二　1997　よくわかる精神医学 I：精神病編　ナカニシヤ出版
田中正敏　1986　ストレス概念と研究の歴史　河野友信・田中正敏（編）ストレスの科学と健康　朝倉書店　7-18.

ビューティ・プロフェッショナルのためのカウンセリング

| 2012年4月30日 | 初版第 1 刷発行 | （定価はカバーに表示してあります。） |
| 2024年4月15日 | 初版第10刷発行 | |

```
編著者   高島直子
         五十嵐靖博
         中村延江
発行者   中西　良
発行所   株式会社ナカニシヤ出版
         〒606-8161　京都市左京区一乗寺木ノ本町15番地
                        Telephone    075-723-0111
                        Facsimile    075-723-0095
              Website    http://www.nakanishiya.co.jp/
              Email      iihon-ippai@nakanishiya.co.jp
                        郵便振替     01030-0-13128
```

装幀＝白沢　正／イラスト＝井上　創／印刷・製本＝ファインワークス
Copyright © 2012 by N. Takashima, Y. Igarashi, & N. Nakamura
Printed in Japan.
ISBN978-4-7795-0657-4

写真提供

山野美容芸術短期大学

本書のコピー，スキャン，デジタル化等の無断複製は著作権法上の例外を除き禁じられています。本書を代行業者等の第三者に依頼してスキャンやデジタル化することはたとえ個人や家庭内の利用であっても著作権法上認められていません。